Walter Janka

# Die Unterwerfung

## Eine Kriminalgeschichte aus der Nachkriegszeit

Mit einem Vorwort von Günter Kunert

Herausgegeben von Günter Netzeband

Carl Hanser Verlag

1 2 3 4 5     98 97 96 95 94

ISBN 3-446-17842-2

Satz: Gerber Satz, München
Druck und Bindung: Ebner Ulm
Printed in Germany

*Für Charlotte*

# Inhalt

*Wer heute die Lüge und Unwissenheit bekämpfen und die Wahrheit schreiben will, hat zumindest fünf Schwierigkeiten zu überwinden. Er muß den Mut haben, die Wahrheit zu schreiben, obwohl sie allenthalben unterdrückt wird; die Klugheit, sie zu erkennen, obwohl sie allenthalben verhüllt wird; die Kunst, sie handhabbar zu machen als eine Waffe; das Urteil, jene auszuwählen, in deren Händen sie wirksam wird; die List, sie unter diesen zu verbreiten.*
*Diese Schwierigkeiten sind groß für die unter dem Faschismus Schreibenden, sie bestehen aber auch für die, welche verjagt wurden oder geflohen sind, ja sogar für solche, die in den Ländern der bürgerlichen Freiheit schreiben.*

Bertolt Brecht

# Vorwort

*Zur Erinnerung an Walter Janka*

Das Schicksal Walter Jankas zeigt sich nicht nur als ein Stück deutscher Zeitgeschichte, sondern zugleich als ein Exempel, dessen Lehre kaum erbaulich ist. Sie betrifft das, was Brecht in den »Deutschen Marginalien« nahezu telegrammstilartig benennt. Nämlich daß jemand, der die Wahrheit sagen wolle, eine Leibwache brauche. »Aber er findet keine«, heißt das Resümee, an dessen Stimmigkeit sich bis heute nichts geändert hat.

Warum haben wir, wir Schriftsteller zum Beispiel, nahezu blind geglaubt, die Wahrheit würde sich von allein durchsetzen, die Vernunft würde siegen, da wir es doch als historisch gebrannte Kinder hätten besser wissen können und besser wissen müssen?

Auch Walter Janka, obschon bis zu seiner Verhaftung 1956 Mitglied der Partei von Jugend an, also in Kenntnis der in ihr bestehenden Machtkämpfe und Umtriebe, ist durch sein Wissen wahrlich keines Besseren belehrt worden. Der grundlegende Denkirrtum bestand einfach darin, daß die Kraft und der Wahrheitsgehalt von Argumenten überschätzt und die Einsichtsfähigkeit und Vernunft von Machthabern unterschätzt worden ist. Aber die Vernunft ist eine zwiespältige Angelegenheit und verführt das Denken auf unterschiedlichste Weise, im positiven wie im negativen Sinne. Czesław Miłosz' Buch »Verführtes Denken« über die Korrumpierbarkeit der Intellektuellen enthält sich einer analytischen Betrachtung des ambivalenten Charakters von Literatur. Mir scheint, daß auch im Falle Walter Jankas nicht allein Lebens- und Welterfahrung eine Rolle gespielt haben, vielmehr auch eine dementsprechende Lektüre.

In seiner Autobiographie schildert Walter Janka seine proletarische Herkunft, frühe Erlebnisse, die einen starken Gerechtigkeitssinn in ihm weckten, der ihn mit großer Selbstverständlichkeit zu den Ideen des Sozialismus, zur Kommunistischen Partei führte. Eine vom dazu passenden Lesestoff begleitete Entwicklung. Daß diese Entwicklung ihn zum Verleger werden ließ, ist kein Zufall. Die unerhörte Hochachtung vor der Literatur war ein Kennzeichen linker emanzipatorischer Bewegungen, beruhend auf der Einsicht, man habe keine andere Waffe als das geschriebene oder gesprochene Wort. Dieses Wichtignehmen von Literatur läßt sich sogar noch in dem späteren, pervertierten Umgang der Partei mit Literatur, mit Literaten ablesen. Die Hochachtung vor dem Wort, eine eigentlich maßlose Überschätzung, verkehrte sich mit der Herrschaft der Partei in Angst vor dem Wort, was die vorhergehende Überschätzung negativ umpolte. Wofür das »Leseland DDR« den Beweis stellte.

Was damals, 1956, sich im Aufbau-Verlag ereignete, die Begegnung kritischer Köpfe, die Initiierung von politischen Diskussionen, wie beispielsweise im »Donnerstag-Club«, das alles besaß einen unleugbar literarischen Aspekt, hing mit Literatur zusammen, drehte sich um Literatur, ja, war, wie ich behaupten möchte, von Literatur durchsättigt, da alle Beteiligten mehr oder minder literarisch gebildete, literaturnahe Intellektuelle waren. Mag sein, daß die solcherart entstandene Atmosphäre auch einen Hauch des Unwirklichen hatte, allein schon durch die Verkennung der Machtverhältnisse. Auf der einen Seite die paar von den Ansätzen zur Entstalinisierung, von den reformfreudigen Diskursen in Polen und Ungarn angeregten und aufgeregten Intellektuellen, auf der anderen Seite Staat und Partei mit dem Unterdrückungsapparat.

Der Traum, mit der Macht einen Dialog führen zu können, war bei Beginn des Ungarnaufstandes ausgeträumt. Das Imperium schlug zurück. Die Vernunft als solche hatte überhaupt nichts bewirkt. Jetzt wurde ihre Kehrseite deutlich, indem die Macht an die Vernunft appellierte, und zwar in dem Sinne von: »Verhaltet euch doch vernünftig ...«, was im Klartext meinte: »Unterwerft euch lieber, das ist besser für euch!« Dieser Vernunft-Appell wurde weithin befolgt. Aus der Reihe des Gehorsams tanzte nur einer: Walter Janka. Er, der seine Lage vor Prozeßbeginn durchaus hätte verbessern können, indem er »Vernunft« bewiesen, sich nämlich zur Kooperation mit den »furchtbaren Juristen« der DDR bereit gefunden haben würde, blieb starrsinnig. Warum?

Von Jugend an hatte er sein Leben für das eingesetzt, was er für die Wahrheit hielt – nun konnte er dieser Wahrheit und damit sich selber nicht abschwören. Sein Gerechtigkeitssinn verwarf die Möglichkeit, sich der an ihm und anderen vollzogenen Ungerechtigkeit anzupassen, um einiger Vorteile willen. Ihm fehlte das »Rüstzeug« zur geistigen Kapitulation, jene intellektuelle Geschmeidigkeit, Tatsachen zu relativieren und die eigene Vernunft zu instrumentalisieren und sie und sich den Gegebenheiten anzupassen, wie es die Mehrheit der DDR-Intellektuellen beiläufig getan hat. Man verhielt sich eben »vernünftig«, gemäß dem Gebot, Ruhe und Ordnung zu wahren und den Mund zu halten. Die individuellen Beruhigungsstrategien, derer sich die Intellektuellen selbsttherapeutisch bedienten, waren nahezu religiöser Natur. Waren im Christentum Gottes Wege unerforschlich, so tröstete sich der DDR-Schriftsteller, der Intellektuelle mit dem Glauben, daß in der aktuellen Situation des Kalten Krieges keine »Aufweichung« erfolgen dürfe, es also um die Existenz der DDR ginge, um den Frieden, und daß vielleicht die Parteispitze, gar die in Moskau, noch umfassendere Informationen besäße, die das harte Vorgehen gegen Janka und andere rechtfertigten. Diese Überlegungen wurden um so glaubhafter, je mehr man Angst hatte. Anders ist es nicht begreiflich, wie namhafte Autoren, unter ihnen die durch ihren Weltruhm geschützte und unangreifbare Anna Seghers, zu den Vorgängen schweigen konnten oder nur unter vier Augen höheren Ortes bittstellerhaft auftraten. Da diese Personen stumm blieben, war von den unbekannteren, den namenloseren kein Protest zu erwarten.

Hinzu kam, daß man eine Weltanschauung, »unsere Ideologie«, verinnerlicht hatte, die es nicht zuließ, den Machtmißbrauch durch Ulbricht und Konsorten als logische Konsequenz des durch besagte Ideologie bedingten Systems einzusehen. Wie der »Personenkult um Stalin« als etwas dem Sozialismus Fremdes entschuldigt werden sollte, so konnte man, seinen Idealen treu bleibend, den Prozeß um Walter Janka als eine vorübergehende Verfinsterung der guten Sache ansehen. Irgendwann morgen oder übermorgen würde die Sonne der Menschenfreundlichkeit scheinen, zumindest für die Nachgeborenen, die aus der großen Flut auftauchen würden. Mußte man nicht, um der Zukunft willen, auch ungerechte oder im Moment nicht verständliche Maßnahmen hinnehmen, des höheren Prinzips willen, das man für richtig und notwendig erkannt zu haben meinte? Alle Beteuerungen, man müsse »Fehler und Irrtümer« akzeptieren, um eben der Sache nicht zu schaden, gehörten zu den Sedativa, deren Wirkung zusätzlich durch gesteigerten Alkoholkonsum verstärkt wurde.

»Das Neue erscheint anfangs als Schrecken«, wie ein Intellektueller zu DDR-Zeiten erklärte, ohne jedoch den Schrecken als gesellschaftliche Regression erkennen zu wollen. Weil das dramatische Moment faszinierender ist, vor allem für den Nichtbetroffenen, der, um den Schrecken zu ertragen, ihn zur Notwendigkeit stilisieren muß. So hat sich jeder in seiner inneren Not eine Erklärung zurechtgeschustert, um mit dem System intellektuell auskommen zu können, ohne verzweifeln zu müssen.

Die deutsche Misere, die in Jankas Prozeß bösartige Urständ feierte, indem sie den Mangel an Zivilcourage und die altgewohnte autoritäre Herrschaftsstruktur vorführte, trug ebenfalls zum Stillschweigen und zur Indolenz der Intellektuellen bei. Im Gegensatz zu Polen oder Ungarn, wo der

Triumph der Macht mäßig oder blutig errungen war. Nicht zuletzt hatte das DDR-Regimes verstanden, seine Intellektuellen durch Privilegien und materielle Vorteile an sich zu binden. Selbst wenn mancher unter ihnen mit Fluchtgedanken spielte – wohin denn sollte man gehen als ein im ideologischen Denken Befangener? Als Antifaschist zu den alten Nazis im Westen? Als Kommunist zum Klassenfeind? Als mittelmäßig begabter Autor auf den freien Buchmarkt? Als gelernter Marxist-Leninist in welchen Schlupfwinkel?

Die innere Sperre erlaubte den meisten keine Alternative. Mitgegangen, mitgefangen. Nur mitgehangen wollte man nicht werden.

Man klammerte sich an das Fantasma eines »besseren Deutschland« und redete sich ein, man müsse nicht nur im Lande ausharren, sondern auch in der Partei, um am Tage X, also am Sankt-Nimmerleins-Tag, die Chance zur Reform wahrzunehmen. *Von Innen heraus Veränderungen bewirken und anstreben* – so die Verblendung, unter deren märchenhaftem Schein man seine Jahre verbrachte. »Am Grunde der Moldau wandern die Steine / groß bleibt das Große nicht / und klein nicht das Kleine . . .« zitierte man seinen Brecht ungebrochen hoffnungsschwanger, um doch immer wieder enttäuscht zu werden. Der Selbstbetrug erreichte seinen Höhepunkt im August 1961 mit dem Bau der Mauer. Nur zu gerne ließen sich die Intellektuellen, die Schriftsteller suggerieren, jetzt endlich sei der Augenblick gekommen, wo man Herr im eigenen Hause sei und der Gegner sich nicht mehr direkt einmischen könne, was bedeute, nun sei ein freieres, unbeschwerteres Agieren möglich. Das Gegenteil trat ein. Nach etwas mehr als einem Jahr setzte sich die Verleumdungs- und Restriktionsmaschinerie wieder in Bewegung, um die inzwischen aufmüpfig Gewordenen zu disziplinieren.

In dieser Zeit begann meine Freundschaft mit Walter Janka, der zwar vor seiner Inhaftierung mein Verleger gewesen war, mit dem ich aber im Aufbau-Verlag kaum zu tun gehabt habe. Entgegen allem Erlittenen hielt Janka an der Utopie fest, an einem idealen, nie zu realisierenden Sozialismus, und zwar mit der gleichen Unerschütterlichkeit und Treue wie Zeit seines vorherigen Lebens. Er machte es sich schwer, denn die anderen, seine einstigen Verfolger, die Stasi-Spitzel, die liebedienerischen Funktionäre, das Gesamtpersonal der Partei, bis auf wenige Ausnahmen, paßten nicht in das Bild, das Janka sich von einer repressionsfreien, demokratischen und sozial gerechten Gesellschaft machte. In diesem Ozean von Konformismus und Opportunismus hat Janka nach seiner Freilassung einen Arbeitsplatz bei der DEFA als Dramaturg zugewiesen bekommen, ohne jedoch zu resignieren. Heimlich hat er seine Geschichte geschrieben: Was ihm angetan worden war, von wem, mit welchen Mitteln und zu welchem Zweck. Er hat, pathetisch gesagt, Zeugnis abgelegt, gegen die »Sieger der Geschichte«, die jämmerlichen Figuren, die ohne russische Panzer vom Winde verweht sind. Und Zeugnis für eine aufrechte Haltung, wie man sie in Deutschland nur zu selten erlebt hat. Unsere Historie hätte sonst anders ausgesehen.

Die hier vorliegende Material- und Dokumentensammlung stellt eine Kriminalgeschichte schlimmster Art dar: Die Schurken als Ehrenmänner, Richter und Informanten, der Unschuldige als der Kriminelle. Und das Publikum, die Intellektuellen am näheren oder ferneren Rand des Geschehens als begabte Selbstbetrüger, als fragwürdige Rechtfertiger, als ängstliche VIPs, mit einem Wort – als das, was sie, jedenfalls in Deutschland, häufig waren: dienstbare Geister, Kollaborateure des Unrechts, Okkupanten höherer Standpunkte, Intimi des Zeitgeistes, selbst wenn dieser, wie gegenwärtig, sich als Sprachrohr den Volksmund erkor, aus dem wir mit Staunen die Formulierung vernehmen: Es war doch nicht alles schlecht in der DDR ...

Wer dieser Vergangenheit nachhängt, gar nachtrauert, sollte einen Revers ausfüllen müssen, der das Schandurteil gegen Walter Janka noch einmal bestätigt. Der sollte sein

Einverständnis mit den Tätern und mit deren Auftraggebern mündlich und schriftlich bekunden, statt sich in die Schar debiler Nostalgiker einzureihen, denen die »Idee« alles und die Menschen nichts bedeuteten.

Günter Kunert

# Die Zeit der Schurken

Das 20. Jahrhundert war von zwei rivalisierenden Diktaturen, zwei Weltkriegen und einem langanhaltenden Kalten Krieg geprägt: Nazismus, Mussolini-Faschismus, Japanismus, Franquismus einerseits – Stalinismus, von vielen Menschen als sozialistische Alternative zum Kapitalismus verstanden, andererseits. Da Diktaturen und Kriege nicht mit Toleranz oder demokratischen Mechanismen durchzusetzen sind, bestimmten Terror, Gewalt, Massenhysterie und Massenmord das gesellschaftliche Sein.

Wer sich nichts vormachte, ahnte, daß Gewaltherrschaft, gleich welcher Ideologie, früher oder später zum Untergang führt. Wenn der Stalinismus den Hitlerismus überlebte, so war das sowohl auf die revolutionäre Entwicklung in Rußland 1917/18 zurückzuführen, die weltweite Sympathie erfuhr, wie auf die Tatsache, daß die Soldaten der Roten Armee den deutschen Invasionstruppen bei Stalingrad eine folgenschwere Niederlage bereiten konnten. So wurde die Wende im Zweiten Weltkrieg herbeigeführt. Unvorstellbar, wie sich die Welt entwickelt hätte, wenn Hitler nicht geschlagen worden wäre. Die zivilisierte Welt von den Pyrenäen bis zum Ural wäre in vormittelalterliche Sklaverei zurückgefallen, und in Auschwitz wären noch Millionen mehr Menschen vernichtet worden.

Diktaturen lassen sich zwar nicht gleichsetzen, aber vergleichen. Trotz ideologischer Unterschiede bleibt ihnen eine Wesensverwandtschaft: der Anspruch auf Alleinherrschaft und die Diskriminierung und Verfolgung Andersdenkender. Wie der Stalinismus in der DDR funktionierte, wie er das gesellschaftliche und individuelle Leben bestimmte, soll Gegenstand dieses Buches sein. Dabei nutze ich vorwiegend

Erfahrungen, die ich mit dem Unterdrückungsapparat der SED und ihren Vollstreckungsorganen gemacht habe. Was mir und meinen Mitangeklagten widerfuhr, gilt im Prinzip für alle, die dem Justizterror unter Ulbricht oder Honecker ausgeliefert waren. Es geht um Kapitel der DDR-Geschichte, die noch nicht in allen ihren Facetten erforscht sind.

Trotz der Unterschiede zu den Moskauer Schauprozessen in den 30er Jahren, waren die Justizpraktiken in der DDR nicht weniger gravierend. Ein dramatisches Ausmaß erreichten sie jedoch außerhalb der Sowjetunion 1949 mit dem sogenannten Rajk-Prozeß in Ungarn. In dem vom Dietz-Verlag (dem Partei-Verlag der SED) 1950 herausgegebenen Buch »László Rajk und Komplizen vor dem Volksgericht« schreibt Kurt Hager im Vorwort: ». . . Der Prozeß enthüllte ein weitverzweigtes Spionagenetz, dessen Fäden zu dem Verräter Tito und seinem Gestapochef Ránkowitsch und darüber hinaus zu den Geheimdiensten des amerikanischen und englischen Imperialismus führten . . . Der Budapester Prozeß lehrt uns folglich, daß die Wachsamkeit gegenüber den Feinden der Deutschen Demokratischen Republik und der nationalen Einheit Deutschlands keinen Augenblick erlahmen darf und daß man alle Ränke der Imperialisten, die Westdeutschland versklaven und das deutsche Volk als Kanonenfutter betrachten, rücksichtslos entlarven muß. . . .«

1952 folgte in Prag der Slánský-Prozeß. Das Politbüro der SED ließ aus diesem Anlaß gleich ein ganzes Buch erscheinen. Herausgeber war der Leiter der Zentralen-Partei-Kontroll-Kommission, Hermann Matern. Titel: »Über die Durchführung des Beschlusses des ZK der SED: ›Lehren aus dem Prozeß gegen das Verschwörerzentrum Slánský‹ «[1] In dieser Schmähschrift heißt es: ». . . in der gegenwärtigen Situation besteht das Charakteristische in der Deutschen

1 Vorsitzender der KPČ und Hauptangeklagter im Slánský-Prozeß. Mit weiteren Spitzenfunktionären 1952 hingerichtet. 1968 rehabilitiert.

Demokratischen Republik in der Verschärfung des Klassenkampfes. Agenten, Spione und Saboteure versuchen im Auftrage des amerikanischen Imperialismus und seiner deutschen Ableger, unseren sozialistischen Aufbau mit den gemeinsten und hinterhältigsten Mitteln und Methoden zu stören. ... Den Banditen das Handwerk zu legen, überall wachsam zu sein, ist eine Aufgabe der ganzen Partei und der werktätigen Bevölkerung. Es kommt also darauf an, den Feinden ihre Schädlingsarbeit unmöglich zu machen, ihren Widerstand zu brechen und die feindlichen Agenturen zu vernichten. ...« Danach folgt eine Aufstellung der zur Aburteilung freigegebenen deutschen Westemigranten. Exemplarisches Muster: Paul Merker. »... Es unterliegt keinem Zweifel mehr, daß Merker ein Subjekt der USA-Finanzoligarchie ist, der die Entschädigung der jüdischen Vermögen nur forderte, um dem USA-Finanzkapital das Eindringen in Deutschland zu ermöglichen. ... Merker fälschte die aus den deutschen und ausländischen Arbeitern herausgepreßten Maximalprofite der Monopolkapitalisten in angebliches Eigentum des jüdischen Volkes um. ... Nach seiner Rückkehr nach Deutschland setzte Merker seine Dienste für die zionistische Agentur fort. ...«

Auf über hundert Seiten werden etwa hundert Emigranten, ehemalige Häftlinge der faschistischen Konzentrationslager, Überlebende des Widerstandes, von der SED-Führung der schlimmsten Verbrechen gegen Partei und Staat beschuldigt und für die Anklagebank reif gemacht.

Zum Leidwesen der Ulbricht, Matern, Honecker und Mielke starb im März 1953 Josef Stalin. Damit war die Absicht vertan, auch in der DDR nach sowjetischem Muster einen Schauprozeß zur Vernichtung kritischer Persönlichkeiten zu inszenieren. Doch die Ruhe währte nicht lange.

1956–57 löste Ulbricht eine neue Welle des Terrors gegen die eigene Partei und gegen die Intelligenz aus. Die ökonomisch und moralisch abgewirtschaftete Parteiführung benötigte nach den Zusammenbrüchen in Polen und Ungarn auch eine deutsche »Konterrevolution« als Vorwand für Repressalien im Machtkampf gegen Andersdenkende, die sich nach dem XX. Parteitag der KPdSU kritisch zu den Verhältnissen in der DDR aussprachen und auf Veränderungen drängten. Sie wurden beargwöhnt, verfolgt, vor Gericht gestellt.

Gegen mich und meine Mitangeklagten aus dem Aufbau-Verlag, Heinz Zöger und Gustav Just von der Wochenzeitung »Sonntag«, wurde nach der Verhaftung im Dezember 1956 im Juli 1957 eine Anklage wegen konterrevolutionärer Verschwörung gegen die Regierung Ulbricht fabriziert. Das auf sieben Jahre beantragte, schon vorher feststehende Urteil gegen mich wurde auf fünf Jahre Zuchthaus festgesetzt, die ich unter den erschwerten Bedingungen der Einzelhaft in Bautzen antreten mußte.

Trotz intensiver Suche nach den Texten der »Prozeß-Eröffnungs-Rede« und des »Plädoyers« des Generalstaatsanwalts Melsheimer[1] zur Begründung seiner Strafanträge, waren schriftliche Aufzeichnungen zunächst nicht zu finden. Dann wurden, dank einer mir verbundenen Helferin, überraschend Tonbänder aufgespürt, die während des Prozesses 1957 angefertigt worden waren. Die Tonbänder mit den vom Gerichtsvorsitzenden Ziegler und Generalstaatsanwalt Melsheimer geführten Zeugenvernehmungen enthalten nicht alles. Wahrscheinlich wurden die schlimmsten hysterischen Ausfälle und Erpressungsversuche des Generalstaatsanwalts entweder bereits bei der Aufnahme ausgelassen oder später gelöscht. Besonders die Drohungen gegen Paul Merker waren eliminiert. Sofort nach seinen ersten Sätzen unterbrach ihn der Generalstaatsanwalt: »Sie sind nicht geladen, um ein Loblied auf Ihren Freund Janka anzustimmen, der auf der Anklagebank sitzt. Und wenn Sie jetzt nicht sofort die ganze Wahrheit über die Verbrechen

1 Melsheimer war von 1933–45 im Dienste der Nazi-Justiz tätig (siehe Personen-Verzeichnis).

des Angeklagten aussagen, trennt Sie nur noch ein Haar, um wieder auf der Anklagebank zu sitzen. Diesmal neben Janka ...« Worauf Merker, eingedenk der dreijährigen Untersuchungshaft in den Kellern der Staatssicherheit von Hohenschönhausen, meist von NKWD-Offizieren verhört, in Tränen ausbrach und mehrere Minuten nicht sprechen konnte. Paul Merker sagte dann aus, was ihm zuvor von der SED-Führung, der Staatssicherheit und durch die Aussagen des Hauptbelastungszeugen aufgebürdet worden war.

Wenn der sogenannte »Eröffnungs-Tenor« von Melsheimer auf den Tonbändern nicht festgehalten ist, dann geht das wahrscheinlich auf eine Entscheidung des Politbüros zurück. Die »Ansprache zum Anschub des Prozesses« strotzte nur so von unflätigen Verleumdungen gegen den ungarischen Literaturhistoriker Georg Lukács und die Intellektuellen generell. Wiederholt überschlug sich Melsheimer in seinen Beschimpfungen, daß Lukács aus einer finanz-kapitalistischen Familie stamme, sich in die Partei eingeschlichen habe, um sie von innen heraus zu zersetzen. Er habe es sogar gewagt, öffentlich zu sagen, daß die KP Ungarns bei freien Wahlen vielleicht nur noch 5% der Stimmen erhalten würde. ... Und ausgerechnet den wollte Janka retten, um ihn nach Deutschland zu holen und auch hier zum Vater der Konterrevolution zu machen.[1] Wie Georg Lukács nach der Niederschlagung des Aufstandes in Ungarn den Zwangsaufenthalt in Rumänien erlebte, bezeugt ein an mich gerichteter Brief vom Dezember 1956. Das Original (die Kopie wurde mir erst 1990 aus dem Budapester Lukács-Archiv übergeben) habe ich nicht mehr erhalten, denn ich war bereits in Haft. Davon hatte Lukács allerdings keine Ahnung. Mit zitternder Hand beschreibt er die Umstände seiner Existenz: »... Um so ungünstiger sind die inneren Bedingungen der Produktion. Schon, daß ich, verständlicherweise,

1 Janka wurde von Anna Seghers, unterstützt von J. R. Becher, dazu aufgefordert, Lukács in Sicherheit zu bringen.

weder die Manuskripte noch den Apparat zur Ästhetik bei mir habe (ich habe am 4. November nicht einmal eine Zahnbürste mitnehmen können, und niemand dachte an ein darauf folgendes so ausgedehntes Provisorium), macht jede ernsthafte Arbeit unmöglich. Aber auch die etwas surrealistischen Umstände von Reise und Aufenthalt, bei denen sich Fatalismus u (gestrichen: Willkür; darüber gestrichen: Voluntarismus; darüber:) Sprachlosigkeit (?) bis zur Heideggerschen »Geworfenheit« mischten, die vollendete – existentialistische – undurchdringliche Unerkennbarkeit der persönlichen (gestrichen: Zukunft; darüber:) Perspektive, die freilich dem »Entschluß« einen weitaus geringeren Spielraum geben, als dies die Sartreschule meint, ein ontologisches Provisorium (gestrichen: das aber wenig Perspektiven bietet) etc. wirkt nicht günstig auf eine eventuell vorhandene Arbeitslust. In der allerletzten Zeit ist zwar eine Perspektive der Heimkehr aufgetaucht. Sie ist aber sehr schwankend. Denn niemand kann wissen, ob die von mir geforderte Möglichkeit, wissenschaftlich zu arbeiten, nur als Professor u. als Akademiker beschäftigt zu sein, als tragbar empfunden wird. ...«[1]

Was muß wohl in dem Kulturminister Johannes R. Becher vorgegangen sein, der ja Lukács gut kannte, als er auf einer Pressekonferenz im Januar 1957 erklärte: »... Lukács arbeitet in Ruhe an seinem neuen Werk über die Ethik. ...« Er sagte das, obschon er gewußt haben muß, was geschehen war und was Lukács über seine Deportation berichtete.

Doch zurück zu den Tonbändern. Trotz Unvollständigkeit geben sie hinreichend Aufschluß, wie Zeugen und Angeklagte vor den DDR-Gerichten behandelt und zu Aussagen verleitet wurden. Allzu durchsichtig war, daß die Zeugen vor Prozeßbeginn durch Parteifunktionäre oder Offiziere der Staatssicherheit präpariert wurden. Dennoch muß

1 Die schwer lesbare Handschrift von Lukács wurde unter Mitwirkung von Jürgen Jahn übertragen.

zur Ehre der Redakteure des »Sonntag« und der Lektoren des Aufbau-Verlags, die gegen ihre Chefs aussagen mußten, gesagt werden, daß sie sich vor Gericht tapfer gehalten haben. Bis auf wenige Ausnahmen. Ich muß die Namen der Ausnahmen nicht nennen. Der Generalstaatsanwalt besorgt das selber immer wieder klangvoll. Einer von zwei »Kronzeugen« wird wiederholt als Parteiloser gelobt, da er alles, was partei- oder staatsfeindlich sei, sofort der Partei und den Sicherheitsorganen gemeldet habe. Einen anderen zitiert er in seinem fast dreistündigen Plädoyer bald fünfzigmal als »glaubwürdigen Zeugen«. Daß dieser sich nach seiner Verurteilung dafür bedankte, nicht gehängt zu werden, davon sprach der Generalstaatsanwalt ebensowenig wie davon, daß er der Staatssicherheit freiwilig 80 Seiten politische Charakteristiken über Mitarbeiter des Aufbau-Verlags ablieferte. Auch über die Autoren Bertolt Brecht, Ernst Bloch und Georg Lukács. Der Generalstaatsanwalt sparte deshalb nicht mit Lob. Mit sich überschlagender Stimme schrie er in den Gerichtssaal: »Entgegen den Lügnern auf der Anklagebank hat der Zeuge keine Schwierigkeiten mit der Wahrheit.«

Und die Anwälte ermahnte der Ankläger: »Beziehen Sie sich nicht auf die Selbsteinschätzung des Zeugen, daß er psychopathische Züge habe . . . Nein! Nein! Aber alle Lektoren und Redakteure haben Dreck am Stecken und stehen hier wie hypnotisiert durch Janka vor diesem Hohen Gericht.«

Wie sehr »Anklagetenor«, Plädoyer und Prozeßablauf die Rechtsprechung des Arbeiter- und Bauern-Staates kompromittierten, verrät ein 75 Seiten langer Prozeßbericht an das Politbüro der SED. Angefertigt von den Richtern selbst. Sie mußten sich genehmigen lassen, was davon veröffentlicht werden durfte.

Ein kurioses Detail ist noch bemerkenswert. Generalstaatsanwalt Melsheimer unterlief es in seinem Eifer. Zur Rechtfertigung seiner »staatsfeindlichen Gruppentheorie«

berief er sich auf den Ankläger Stalins in den 30er Jahren – auf Andrej Wyschinski –, der ja gewiß auch sehr viel Gutes bewirkt und nachgewiesen habe, daß eine Gruppe schon bestehe, wenn mehrere Personen gleiches Denken entwikkelten. Die im Saal sitzenden Zuschauer wußten spätestens seit dem XX. Parteitag der KPdSU, daß Wyschinski im Auftrage Stalins die meisten Kampfgefährten Lenins zum Tode verurteilt hatte.

Da der Text des »Anklagetenors« nicht vorliegt, die Beschuldigungen Melsheimers in seinem Plädoyer jedoch für den Leser schwer einzuordnen sind, sollen einige Hinweise gegeben werden.

1. Nachdem mich Melsheimer unzählige Male als Lügner bezeichnet und dann in den Saal geschrieen hatte: »Janka hat sich in diesem Prozeß und Verfahren gegen ihn nicht als Kommunist verhalten«, gestehe ich, weder die Parteiführung, noch die Ankläger, noch die Belastungszeugen als Kommunisten angesehen zu haben. Ich betrachtete sie als Kreaturen, Denunzianten und Feiglinge.

Vor allem war ich nicht bereit, den Anklägern auch nur mit einer Silbe aus der Klemme zu helfen. Ich stand vor einem finsteren Polittribunal, in dem Meinungen, Ansichten oder Wahrheiten nicht galten.

2. Ich verfügte und verfüge nicht über die besondere Charaktereigenschaft, ehemalige Freunde, Arbeitskollegen und Bekannte der Polizei, der Staatssicherheit oder der »Zentralen Partei-Kontroll-Kommission« auszuliefern. Ich halte Spitzelei, Denunziation und Verleumdung für verwerflich.

3. Ich habe manches in eigenem Interesse, mehr noch zum Nutzen anderer bestritten und verschwiegen. Denn wer A sagt, muß auch B sagen. Er mußte damit rechnen, daß ihm jedes Wort umgedreht und so ausgelegt wird, wie es der Staatssicherheit paßte. Daß ich der Parteiführung kritisch gegenüberstand, geht bis in die frühen 50er Jahre zurück. Zu allen Zeiten habe ich diese Haltung offen ausge-

sprochen und niemals in Abrede gestellt. Schon gar nicht, daß ich die Praxis des Rechtswesens in der DDR für schädlich und reformbedürftig gehalten habe.

4. Bis zum Tage meiner Verhaftung (am 6. Dezember 1956) ist weder in privaten Gesprächen noch in Diskussionen der Begriff »staatsfeindliche Konzeption« aufgetaucht. Es war nur die Rede davon, daß der »aktivste Wortführer« und spätere Belastungszeuge, W. Harich, seine Ideen als Artikel für die theoretische Monatsschrift der Partei, »Einheit«, zu Papier bringen und zur Veröffentlichung anbieten sollte. Wenn er sich dann den Terminus »staatsfeindliche Konzeption« zu eigen machte, ist dies auf die »Bearbeitung« durch die Staatssicherheit zurückzuführen. Denn, so werden Ulbricht und sein Politbüro wohl gedacht haben, ohne »staatsfeindliche Konzeption« ist eine »geplante Konterrevolution« nicht glaubhaft zu machen.

5. Im Buch zitiere ich aus einem Studienmaterial der Staatssicherheit: »... dem MfS gelang es Ende Oktober/ Anfang November 1956 eine von Geheimdiensten ... organisierte konterrevolutionäre Provokation ... mit Unterstützung der sowjetischen Genossen rechtzeitig zu unterbinden. ... In Berlin hatte der Aufbau-Verlag eine solche staatsfeindliche und konterrevolutionäre Gruppe gebildet. Diese Gruppe hatte sich mit dem Ostbüro der SPD verbunden und gemeinsam mit dieser Zentrale auf die Beseitigung der DDR hingearbeitet ... aber dem MfS gelang es, mit Hilfe seiner inoffiziellen Mitarbeiter in die Konspiration dieser Gruppe einzudringen und sie unschädlich zu machen. ...« Dazu muß gesagt werden, daß es zu keiner Zeit im Aufbau-Verlag eine »Gruppe« gab, die mit dem Ostbüro Kontakte unterhalten hat. Wie es zu den Kontakten oder Verhandlungen des Belastungszeugen zum Ostbüro gekommen ist, bedarf noch der Aufklärung. Nachweisbar ist, daß es im Ostbüro Mitarbeiter der Staatssicherheit gab. Sie berichteten umgehend an die Stasi-Zentrale in Berlin-Lichtenberg. Durch den Prozeßbericht erfuhr man, daß der »Zeuge« nach seinen

Gesprächen mit dem Ostbüro in Ostberlin Erich Wendt konsultierte und ihn um Vermittlung eines Gespräches mit einem Mitglied des Politbüros bat. Wendt ermöglichte das. Das Politbüromitglied hieß Paul Wandel. Und Wandel informierte dann Ulbricht. Doch weder Wendt noch Wandel mußten im Prozeß gegen Janka und die anderen aussagen. Wahrscheinlich trifft zu, was im »Treffbericht mit dem IM ›Kurt‹« am 12. 2. 1957 berichtet wurde.[1]

6. In seinem Plädoyer machte mir der Generalstaatsanwalt den Vorwurf, daß ich die Abberufung der DDR-Justizministerin Hilde Benjamin und von Melsheimer und die Erschießung von MfS-Chef Mielke gefordert hätte. Nie hätte ich Beweise erbracht, daß es neben dem Fall Merker weitere politische Prozesse in der DDR nach dem Vorbild von Rajk in Ungarn oder Slánský in der Tschechoslowakei gegeben habe. Richtig ist, daß ich die Abberufung der genannten Personen wiederholt öffentlich gefordert habe. Denn wer wußte es besser als Melsheimer, daß es schon vorher Prozesse in der DDR gegeben hat. Zumeist Geheimprozesse, über die die Öffentlichkeit kaum etwas erfuhr. Kurt Müller, Abgeordneter im Bundestag, wurde unter Verletzung seiner Immunität nach Berlin gelockt und von Mielkes Schergen regelrecht gekidnapt, mittels Folter zu Geständnissen gezwungen und in die Bleiwerke nach Sibirien verschleppt. Ähnlich erging es Fritz Sperling, dem bayerischen Landtagsabgeordneten, oder Willi Kreikemeier, der während der Haft durch Mißhandlungen zum Wahnsinn und in den Tod getrieben wurde. Oder Lex Ende, dem Chefredakteur der SED-Zeitung »Neues Deutschland«, und Rudolf Feistmann. Ehemalige antifaschistische Widerstandskämpfer, die nach massiven Drohungen ihrem Leben selbst ein Ende setzten. Von Paul Merker wissen wir, daß er zum Auslöser eines Schauprozesses gemacht werden sollte. Als

1 IM = Inoffizieller Mitarbeiter der Staatssicherheit (vgl. das Kapitel Spitzelberichte).

Hauptangeklagte waren Franz Dahlem und weitere dreißig bis vierzig Westemigranten vorgesehen, die von dem Amerikaner Noel Field bereits während der Emigration als bezahlte Agenten des Monopolkapitals angeworben worden seien. Sie seien nur nach Deutschland zurückgekehrt, so wurde unterstellt, um den sozialistischen Aufbau in der DDR zu verhindern.

7. Mit aller Entschiedenheit muß klargestellt werden, daß die Zusammenkunft in meiner Wohnung am 21. November 1956 mit konspirativen Aktivitäten nichts zu tun hatte, oder, wie fälschlich auch behauptet wurde, dazu dienen sollte, Merker (der nach seiner Haft ein gebrochener Mann war) zu veranlassen, Walter Ulbricht abzulösen. Was wir wollten und was wir taten, war eine politische Diskussion über die Entwicklung nach dem XX. Parteitag der KPdSU und nach den Ereignissen in Polen und Ungarn in Gang zu bringen. Dazu wollten wir Merkers Meinung hören. Die Phantastereien Melsheimers, gestützt auf Aussagen des Zeugen Harich (und schließlich auch auf erpreßte Zugeständnisse von Merker), wir hätten in Kleinmachnow einen Plan zum Sturz der Partei- und Staatsführung ausgeheckt, sind frei erfunden. Hätte ich wirklich eine Konspiration geplant, wären weder unsere Hausgehilfin, noch die Frauen und Kinder dabeigewesen.

Uns ging es also am 21. November 1956 nicht um die Vorbereitung einer Konterrevolution. Unter den damaligen Bedingungen war sie ohnehin unrealistisch. Es ging uns um politische Verständigung über eine vernünftige Politik in der DDR und in der SED. Um nichts weiter. Daß diese Absicht von der Stasi genutzt wurde, daraus ein illegales konspiratives Unternehmen zu inszenieren, zählt zu den unrühmlichen Praktiken der SED-Führung, mit fabrizierten Anklagen unliebsame vermeintliche Gegner zu liquidieren. Ihr langes Überleben bis zum Jahre 1989 verdankte die »Partei der Arbeiterklasse« den 500000 sowjetischen Soldaten, die zwischen Elbe und Oder darüber wachten, daß bestehende Verhältnisse nicht angetastet wurden. Natürlich auch den doktrinären SED-Funktionären und ihrem stummen Heer der Jasager – und schließlich jenen Intellektuellen, die sich lautlos ergaben.

# »Eine staatsfeindliche Gruppe ist kein Kegelklub«

## Die Anklagerede des Generalstaatsanwalts der DDR, Dr. Melsheimer, am 23. Juli 1957

Die folgende Anklagerede des Generalstaatsanwalts der DDR wird hier erstmals veröffentlicht. Aus Platzgründen wurde auf die im zweiten Teil folgenden Ausführungen zu den mitangeklagten Redakteuren der Wochenzeitung »Sonntag«, Gustav Just und Heinz Zöger, sowie gegen Richard Wolf verzichtet, zumal die Strafanträge zwangsläufig der Anklagerede gegen Walter Janka gleichen.

Oberstes Gericht der Deutschen Demokratischen Republik!
Ich habe im Anklagetenor am Ende davon gesprochen, daß diese Anschläge gegen den Frieden und den Bestand des Staates in einer Zeit der erhöhten Gefährdung der Deutschen Demokratischen Republik stattfanden. Man muß diesen Prozeß, nicht anders als den Harich-Prozeß, in der historischen Situation betrachten, die bestand, als die Verbrechen der Angeklagten begangen wurden. Diese Situation einer akuten Gefährdung des Friedens, die Situation, in der die Feinde des Sozialismus und der Demokratie in Polen, in Ungarn, in Ägypten und sonst in der Welt, schwere Niederlagen erlitten. Die Situation, in der der Überfall der Imperialisten auf Ägypten an dem tapferen Widerstand des ägyptischen Volkes gescheitert ist. Die Situation, in der die Haltung des ägyptischen Volkes, die Haltung der Menschen in der Welt und das entschlossene Auftreten der mächtigen Sowjetunion dazu führten, daß die Aggressoren in Ägypten den Rückzug antreten mußten. Die Situation, in der die Konterrevolution in Ungarn, wo nach dem Zweiten Weltkrieg der Faschismus wieder als kompakte organisierte Macht auftrat, von den revolutionären Arbeitern Ungarns mit Hilfe der Sowjetunion niedergeworfen wurde; wodurch verhindert wurde, daß der weiße Terror sich ausbreitete und sein Vernichtungswerk

fortsetzte. Es ist klar, daß in solchen Situationen die Feinde der Völker durch eine Steigerung der Hetze und Verleumdung den Einbruch in das sozialistische Lager versuchen. Natürlich gibt es Auffassungen, und gab es damals und gibt es noch heute, daß man mit einem Frontalangriff gegen das Lager des Sozialismus, daß man mit militärischen Kräften die Eroberung der Deutschen Demokratischen Republik vollziehen sollte. . . .
So erfand man den – den Proletariern der Welt völlig unbekannten – Begriff des Nationalkommunismus, um den proletarischen Internationalismus zu untergraben und Zwietracht in die Reihen der sozialistischen Arbeiter und Arbeiter überhaupt zu säen. Man machte die allergrößten Anstrengungen, um die kommunistischen und Arbeiterparteien in sich zu spalten, indem man Begriffe erfand, wie Stalinismus, Antistalinismus, Antistalinisten und Stalinisten. Man ging auf die Suche nach Handlangern, die den Marxismus-Leninismus revidieren könnten. Und es ist seltsam, daß man sich überall da, wo man auftrat, in seiner Kräftekonzentration auf die Universitäten, die Hochschulen, die Intellektuellen konzentrierte. . . .
Auf dem Juni-Plenum 1953 der Ungarischen Sozialistischen Arbeiterpartei kam man auf Grund einer Analyse der bis zu diesem Zeitpunkt entstandenen Fehler dazu, ein Programm auszuarbeiten, dessen Durchführung dem Ministerpräsidenten Imre Nagy obliegen sollte. Bei der Ausführung dieses Programms kam es zu schweren Rechtsabweichungen. Es gab eine Periode, die man also in Ungarn in Kreisen der Intelligenz als die Periode der freien Kritik bezeichnete. Parteifragen und Fehler innerhalb der Partei wurden in aller Offenheit diskutiert und kritisiert, kritisiert insbesondere gerade in Kreisen der Intelligenz. Und in den Jahren 1954 und 55 bildeten sich Strömungen, Gruppen innerhalb der Intelligenz. Gruppen, um das gleich hier vorweg zu sagen, die weder eine organisatorische Zusammenschließung, noch ein Programm, noch Mitgliederbeiträge, noch Beschlüsse, von denen hier so viel die Rede gewesen ist, hatten, sondern die durch ihre Existenz, Menschen von gleicher Gesinnung und gleichen Zielen, den Begriff Gruppe ausmachten.

Wyschinski,[1] der ja gewiß auch sehr viel Gutes gerade für die Jurisprudenz gemacht hat, hat einmal gesagt: Wenn eine Gruppe sich ein Statut gibt, dann ist es schon keine Gruppe mehr. Das Wesen solcher Gruppen besteht ja gerade im Nichtorganisiertsein. Eine staatsfeindliche Gruppe, das sage ich schon jetzt den Herren Verteidigern, die in diese Richtung einige Andeutungen gemacht haben: Eine staatsfeindliche Gruppe ist kein Kegelklub.

Es entwickelten sich also in Ungarn diese Strömungen innerhalb der Intelligenz. Die Hauptkräfte dabei waren Schriftsteller, Journalisten, Philosophen und Politökonomen. Es gab persönliche Konzentrationen um einzelne Persönlichkeiten. Und es ist interessant, daß der hier mehrfach genannte Lukács die Persönlichkeit war, die die entscheidende Rolle bei den Philosophen spielte.

Der Freund von Janka! Der Freund von Just! Der Freund von Zöger! Er sammelte schon vor 1953 junge Philosophen um sich, die sich die Jünger Lukács' nannten. Und ich gehe nicht fehl in der Annahme, daß diese drei Angeklagten sich auch zu den Jüngern Lukács' zählten. Die Jünger Lukács' publizierten auf den Universitäten die Theorien von Lukács, insbesondere die Theorie über die Ästhetik, die von der Partei aufs schärfste zurückgewiesen worden war. Es kam dann im weiteren Verlauf zu solch hitzigen und solch üblen Diskussionen innerhalb der Intelligenz, daß das ZK in Ungarn, im März 1955, einen Beschluß gegen die rechten Abweichungen faßte und Imre Nagy[2] aus der Partei ausschloß. Das hinderte nicht, daß weiter gegruppt wurde. . . .

Es wurde ein Glorienschein um Imre Nagy gesponnen, und es erschienen von Ende 1955 an fortgesetzt Artikel in der Presse, die bis Anfang 1956 sich steigerten, die natürlich nicht anders, als es hier geschehen ist, durch den 20. Parteitag, dem völligen Mißverständnis des 20. Parteitages, Auftrieb erhielten. Äh . . . der 20. Parteitag wurde nicht anders – wie das hier geschehen ist – bei unserer Gruppe dazu ausgenutzt, die staatsfeindlichen

1 Stalins oberster Ankläger.

2 Mitglied des Politbüros der KP Ungarns. 1958 zum Tode verurteilt und hingerichtet.

Diskussionen nachträglich zu rechtfertigen. Ich sprach vom Petőfi-Klub. Der Petőfi-Klub hat also hier in der Hauptverhandlung eine gewisse Rolle gespielt. Dieser Petőfi-Klub war 1954 gegründet worden, und zwar ausgesprochen mit dem Ziel, die Diskussionen in den Kreisen der Intelligenz zu beobachten, unter Kontrolle zu halten. . . .

Es gab die Pressedebatte im Juni im Petőfi-Klub, wo der Schriftsteller Déry in seiner Rede zum Ausdruck brachte, daß es notwendig sei, gegen das System zu kämpfen und nicht gegen aufgetretene Fehler.

Genau wie die Harich-Konzeption!

Die Fehler spielen nur eine verhältnismäßig geringe Rolle. Das System wird angeklagt. Und nicht anders war es in den Kreisen der Philosophen, im Kreis um den mehrfach erwähnten Lukács. Ich zitiere aus der Rede Lukács' in der philosophischen Debatte am 15. Juni, die hauptsächlich der Rehabilitierung der von der Partei abgelehnten philosophischen Arbeiten von Lukács, der Verbreitung dieser Ansichten, dienten. Unter anderem wird folgendes gesagt: Lukács wörtlich: »Wie ist die Lage des Marxismus in Ungarn? Ich wage es festzustellen, der Marxismus war in der öffentlichen Meinung des Landes noch nie in so schlechter Lage wie jetzt. Ich wage es festzustellen, daß heute die Lage des Marxismus in Ungarn schlechter ist als sie in der Horthy-Periode war.« Im weiteren Verlauf seiner Rede brachte er zum Ausdruck, daß Ungarn ein an der Spitze des Stalinismus stehendes Land sei. An der Herausbildung dieser schlechten Philosophen, die also seine Meinung besonders auf dem Gebiet der Ästhetik nicht achteten, an der Herausbildung dieser schlechten Philosophen ist das Regime schuld, das diese Philosophen schuf. Und deshalb klage ich an das Regime.

Eine andere Stelle aus dieser Rede: »Ich kann jetzt nur die Tatsache feststellen, daß in der heutigen Lage wir Ungarn den großen Kampf auszutragen haben, um die Autorität des Marxismus wieder herstellen zu können, und den Widerwillen gegen den Marxismus zu liquidieren, um dem Marxismus gegenüber wieder Vertrauen zu schöpfen.«

Das sagt der Staatsfeind!
Ende Juni 1956 noch faßte deshalb das ZK den Beschluß, den Petőfi-Klub aufzulösen und Déry aus der Partei auszuschließen. Das hinderte nicht, daß von Juli an bis September in der Presse sehr aggressive Artikel erschienen. Stürmische Versammlungen wurden abgehalten. Insbesondere in der literarischen Presse, bei der es zu den ersten Aufforderungen zum Aufstand kam. Parallel damit wurden Angriffe gegen die Staatssicherheitsorgane gestartet.
Nicht anders als hier! Was man hier über Staatssicherheit dachte, und was uns der Zeuge Harich hier über die Haltung der Gruppe gegenüber den Staatssicherheitsorganen bekundet hat, das war akkurat dasselbe, was damals in Ungarn vor sich ging. Es wuchs, gehetzt durch die Presse, die antisowjetische Stimmung. Es kam zu einem ständigen Pressekampf gegen den Stalinismus, wobei gerade besonders Lukács der Erfinder des Stalinismus war oder der Übernehmer – denn die Geburt des Stalinismus und Antistalinismus liegt ja bei den westlichen Imperialisten. Er übernahm das so, wie das Just nachher hier bei uns in dieser Gruppe einführte. Es wurde festgestellt, authentisch festgestellt, daß Teilnehmer des Petőfi-Klubs die Studenten zum Aufstand aufhetzten. Es wurde festgestellt, daß die Losungen des Petőfi-Klubs sich akkurat decken mit den Losungen, die hinterher beim Studentenaufstand ins Volk geschleust wurden. Es gibt einen Beschluß des Vorstandes des Petőfi-Klubs vom 22. Oktober, in dem verlangt wird, Nagy muß Ministerpräsident werden! Es muß Rákosi nicht nur aus dem ZK, sondern aus der Partei entfernt werden. Es muß der Kampf gegen den Stalinismus konsequent zu Ende geführt werden. Der Beschluß über das Verbot des Petőfi-Klubs muß aufgehoben werden. Es müssen gegen diesen und diesen und diesen Gerichtsverfahren durchgeführt werden. Akkurat wie hier! Akkurat wie hier!
Gerichtsverfahren gegen alle, die sich in der Vergangenheit schuldig gemacht haben. Es muß eine neue wirtschaftliche Ordnung eingeführt werden.
Genau wie hier! Harichs Konzeption.

Die Losungen der Studenten entsprachen diesen Forderungen des Petőfi-Klubs.
Es ist an Universitäten in diesem Zeitpunkt dazu gekommen, daß Entschließungen und Forderungen aufgestellt wurden: Neues ZK, neue Regierung, Abzug der sowjetischen Truppen, neues Wirtschaftssystem.
Auch bei uns ist es an den Universitäten zu solchen Diskussionen gekommen. Auch bei uns haben gewisse Veterinärmediziner und auch andere Fakultäten solche Forderungen erhoben. Eine Reihe von solchen Studenten ist festgenommen worden, sitzt in Untersuchungshaft, und wir haben festgestellt, daß diese Studenten mit dem englischen und amerikanischen Geheimdienst in Verbindung standen. ...
Ich habe, Hohes Gericht, diese Schilderung gegeben, um die ganze Gefährlichkeit dessen, was die Angeklagten unternommen haben, darzustellen.
Und ich komme jetzt zu den Verbrechen der Angeklagten im allgemeinen und im besonderen.
Ich bitte, mich setzen zu dürfen.
Herr Vorsitzender! Die Feststellungen über die Staatsgefährlichkeit der Gruppe Harich, über den eindeutig konterrevolutionären Charakter dieser Gruppe, sind im Harich-Prozeß eindeutig erwiesen. Und wenn auch der Harich-Prozeß sich bezog auf die Spezialgruppe Harich, Hertwig, Steinberger, so kann es doch keinem Zweifel unterliegen, daß bei den Angeklagten im Aufbau-Verlag die Konzeption ausgebraten, ausgegoren wurde, die ... hinterher zur schriftlichen Festlegung der Konzeption im Kreise Harich, Steinberger, Wolf geführt hat. Hier haben die Angeklagten eine Reihe von Erklärungen abgegeben, die das bejahen. Sie haben aber im Prinzip den Versuch gemacht, die Nichtexistenz einer solchen Gruppe, eines solchen Kessels, in dem das ausgegoren wurde, nachzuweisen. Sie haben insbesondere versucht, das was Harich hier als Zeuge dargestellt hat, madig zu machen, in Zweifel zu ziehen, vielleicht in der Annahme, daß, wenn drei Angeklagte gegen einen Zeugen sprechen, daß dann möglicherweise die drei Angeklagten recht ha-

ben könnten. Der Harich, der seine Strafe von 10 Jahren Zuchthaus weg hat, die er zur Zeit verbüßt, Harich, der nicht das kleinste Interesse daran hat, irgendeinen der Angeklagten zu belasten, der im Gegenteil, als ich ihn vor seinem eigenen Prozeß hörte, mir auf meine Frage, wäre alles das geschehen, wenn Janka einmal Nein gesagt hätte, nach zweiminütigem Schweigen mit kauenden Backen und zuckenden Wimpern, unter Tränen gesagt hat, dann wäre gar nichts passiert. Harich, als Zeuge, bringt für die Anklagebehörde Beweise für all das, was er trotz seiner Rederei an Positivem hier gesagt hat, absoluten Beweis für die Richtigkeit. Wenn Janka fragt, warum hat Harich mir dies und jenes nicht gesagt? so ist dies eine Frage, die am Kern der Sache vorbeireden soll. Harich hat vieles, was er mit Steinberger, mit Wolf und mit Hertwig am 25. und am 26. ausgekocht hat, gar nicht mehr sagen können, weil er am 26. schon wegfuhr und bei der Rückkehr am 29. verhaftet worden ist. ...
Daran ist nichts zu finden, was irgendwie entlastend sein könnte für den Angeklagten Janka. Besonnen und stetig hat er hier seine Aussagen gemacht. Man hat den Versuch gemacht, ihn in irgendeiner Weise zu diskriminieren. Man hat ihm Fragen gestellt, ich habe bloß noch auf die Frage gewartet, auf welchem Pflasterstein er denn gestanden habe, als diese Unterredung mit Zöger gewesen ist, daß die Sowjetunion und die Regierung der Deutschen Demokratischen Republik die Vereinigung in Wahrheit ja gar nicht wollten. So minutiös und so genau, und nicht in einem einzigen Fall überführt einer kleinsten Unwahrheit. Man sollte auch den Versuch unterlassen, Harich unter Berufung darauf, daß er selbst einmal von sich gesprochen hat, »damals habe ich psychopathische Züge« oder sonst etwas getragen, daraus einen gleichen Schluß auf die Unglaubhaftigkeit Harichs zu ziehen. Es hat sich auch noch etwas anderes ergeben. Es hat sich ergeben, daß die hier vernommenen Zeugen aus dem Aufbau-Verlag mit der Wahrheit zurückhalten, daß sie lügen, sich an Kleinigkeiten erinnern, soweit es zugunsten der Angeklagten ist, sich an alles das, was an

groben Unterlassungen geschehen ist, nicht mehr erinnern können. Begreiflicherweise, weil der ganze Aufbau-Verlag eine einzige staatsfeindliche Meinung gehabt hat. (starker Beifall der Zuhörer) ...

Und ich will noch eine Bemerkung machen ..., es ist nach meiner Auffassung eher zu wenig die Rede gewesen davon, daß es sich ja nicht um die Partei allein, sondern sich um den Staat handelt.

Der Staat wurde angegriffen, der Staat war der Gegenstand dieser Gruppierung und der feindlichen Tendenzen. Die Harich-Konzeption, die wir später bei ihm in seiner Wohnung beschlagnahmt haben, die ist das Exzerpt und die Verdichtung dessen, was im Aufbau-Verlag zwischen den Angeklagten hier und Harich und vielen anderen, die hier nicht aussagen wollen, ausgebrütet und vereinbart wurde. Harich hat hier die Punkte mit Klarheit gesagt, die Allgemeingut der Mitglieder der Gruppe im Aufbau-Verlag gewesen sind. Die Fragen, die das innerparteiliche Leben betreffen, die Fragen, zu denen Zöger ziemlich freimütig Stellung genommen hat. Das Politbüro soll Selbstkritik üben, allseitige Analyse geben. Es sollen diejenigen, die sich in der Vergangenheit schuldig gemacht haben, zur Rechenschaft gezogen werden. Das war Jankas Steckenpferd. Das Verhalten zur Partei, zum Staat und des Staates zu den Massenorganisationen muß geändert werden. Das bezieht sich insbesondere auf die Frage der Gewerkschaften. Die Gewerkschaften, die, und da hat Zöger wieder sein Anteilchen dran, die Gewerkschaften, die nicht Transmissionsriemen von oben nach unten, sondern in der Hauptsache von unten nach oben sein müßten, die Gewerkschaften, die nur in oppositioneller Haltung gegenüber der Partei der Arbeiterklasse gewerkschaftliche Ziele verfolgen und erreichen können. Das heißt, Liquidierung der führenden Rolle der Partei in den Massenorganisationen. Der Kampf gegen den Stalinismus, das war eine Bereicherung der marxistisch-leninistischen Ideologie. Der Marxismus-Leninismus in Ehren, aber jetzt gilt es den Kampf gegen den Stalinismus zu führen. Das war die Auffassung aller Angeklagten. Auch des Angeklagten Janka. ...

Die Verschmelzung war die letzte Zielsetzung, die Wiedervereinigung Deutschlands zu erreichen, durch Verschmelzung der SPD mit der Sozialistischen Einheitspartei unter vorheriger Renovierung der SED. Unter weitgehenden Konzessionen, das war der Begriff aller Gespräche und Reden, die geführt worden sind. Dauernd, hat Harich gesagt. Es wurde in der Gruppe von dem Gesichtspunkt ausgegangen, der von einigen Angeklagten bestätigt worden ist, daß die Zugehörigkeit der Deutschen Demokratischen Republik zum sozialistischen Lager unvereinbar ist mit der gesamtdeutschen Aufgabe, die die Sozialistische Einheitspartei und die Deutsche Demokratische Republik zu erfüllen habe. Dieser Grundsatz, daß man den Aufbau des Sozialismus in der Deutschen Demokratischen Republik vorzusetzen habe. Das Bestreben, die gesamtdeutsche Aufgabe vorzusetzen, die Vereinigung durch weitere Konzessionen, die Vernichtung der Grundlagen der Arbeiter- und Bauern-Macht, mit der SPD, sagt Harich, ist im Laufe des Sommers von Janka, von Just und Zöger anerkannt worden.
Die Wiederauflebung der Länder in der Deutschen Demokratischen Republik wurde anerkannt. Die schwerwiegenden ökonomischen Veränderungen in der Deutschen Demokratischen Republik, Arbeiterräte auf der Grundlage der jugoslawischen Arbeiterräte, ein Rückfall in anarcho-syndikalistische Ideen, hat Zöger oder Just hier genannt. ... Dem stimmten alle zu. Die Vergebung von Lizenzen an westdeutsche Unternehmen – allgemein anerkannt. Die Förderung der Leichtindustrie und die äußerste Beschränkung der Planung – anerkannt. Einer der Grundsätze unserer Arbeiter- und Bauern-Macht – Auflösung der nicht rentablen LPG. Verkauf der MTS an die LPG und die Bauern. Anerkannt!
Die Auffassungen über das Rechtswesen der DDR, die ganz besonders von Janka gefördert und vertreten wurden – Allgemeingut der Gruppe. Das Rechtswesen der Deutschen Demokratischen Republik ist nicht in Ordnung. Das Rechtswesen der Deutschen Demokratischen Republik mißachtet die Gesetze. Es gibt keine Haftbefehle für Festnahmen. Die Untersuchungsge-

fangenen dürfen nicht schreiben, sie werden nicht dem Richter vorgeführt innerhalb von 24 Stunden. Sie werden nach Artikel 6 verurteilt, obwohl dieser Gummiparagraph es erlaubt, vieles hineinzustopfen, was nicht hineingehört. ...
Janka hat es nicht fertiggebracht, außer dem von ihm immer wieder erwähnten Fall Merker, auch nur einen einzigen Fall zu nennen, oder ein einziges gesetzliches Unrecht, das in der Deutschen Demokratischen Republik geschehen wäre. ... Es gibt keinen. Stasi muß weg, das ist eine anrüchige Gesellschaft, kein Vertrauen zur Staatssicherheit, hat Janka gesagt. ...
Janka. Ein Mann, der sich hier und in der Voruntersuchung als ein notorischer Lügner gezeigt hat. Ein Mann, der lügt und noch so ungeschickt lügt, und noch so in Kleinigkeiten lügt, wo er es nicht nötig hätte. So daß es erstaunlich ist, daß er den Mut hat, auch noch nach der Aussage des Zeugen Merker auf seiner lügenhaften Einlassung zu bestehen. Er lügt, ob es sich um die Tour in der Friedrichstraße handelt, die gemacht worden ist, um zu sehen, ob die Studenten losschlagen. Er lügt sogar, wenn er sagt, er ist nur einmal in der Wohnung Harichs gewesen. Ich habe vergessen, Frau Just danach zu fragen. Ich habe vergessen, den Zeugen Düwel danach zu fragen. Die waren nämlich beim zweiten Mal mit dabei. Er lügt in allen Kleinigkeiten, wo er sich dann selber überführt oder berichtigen muß. Er lügt, was den 21. November angeht. Da hat er erst gesagt, der Merker, ja der war da zum Kaffee, und der blieb bloß da, als die anderen kamen. Dann hat er erklärt, nein, nein, das ist alles schon richtig. Der Merker wußte, daß die anderen kamen. Und auf die Frage, wann er wußte – davor –, daß die anderen kamen? Erst als er da war. War die erste Antwort. Die zweite Antwort ist – im Wagen auf der Hinfahrt. Dritte Antwort – schon bei Merker in der Wohnung. Warum lügt er in solchen kleinen Dingen? Warum lügt er, wenn er abstreitet, daß Harich über seine Konzeption grundlegend und eingehend gesprochen hat. Eine halbe Stunde hat er in der Voruntersuchung gesagt, hat er gesprochen über seine Gedanken, und zwar kurz vorm Aufbruch. Und erst bei der Gegenüberstellung mit Merker, da sagt er –

zwei Stunden. Jedenfalls anderthalb, oder eine gute Stunde. Jetzt sieht er sich durch seinen Freund Merker überführt. Und gibt zu, es war ja wohl doch eine gute Stunde. Warum diese Lügen? Das bedeutet doch etwas. ... Warum? Warum? Wer im Kleinen so lügt, hat im Großen viel zu verbergen.
Janka ist ein Mensch, der einmal Großes und Gutes für den Kommunismus getan hat. Janka ist ein Mensch, der sich hier nicht benimmt oder sich nicht benommen hat, als das Verbrechen der Gruppe sich vollzog, wie sich ein Kommunist benimmt. Er ist ein Hasser unseres Arbeiter-und-Bauern-Staates. Das ergibt sich ganz klar aus seinen Briefen, den sechs beschlagnahmten, wo von verschwundenen Menschen und ähnlichem die Rede ist. Von Verbitterung und Enttäuschungen. Er haßt Organe unseres Staates. Die Staatssicherheitsleute, das sind Halunken, Verbrecher und Lausejungen. Bloß weil die Giersch damals festgenommen worden war. Ein Arbeiter wird gegen den anderen ausgespielt. Das ist seine Meinung. Jugoslawien ist in allem Vorbild. Prominente Westemigranten sollten bei uns ermordet werden. Hier sollte ein Rajk-Prozeß inszeniert werden. Der Mielke hat zahlreiche ehrliche Kommunisten ermordet. Besonders geht seine Wut gegen die Justiz. Also, daß Benjamin und Melsheimer gestürzt werden sollten, das war klar. Aber Mielke, der soll erschossen werden.
Er bestreitet und lügt, von der Harichschen Plattform und deren Veröffentlichung ist nie die Rede gewesen. Harich hat ihm die Einzelheiten nie dargelegt. Daß die Rede davon war und wie die Rede davon war. ...
Und alle sind sich einig, es wäre nichts passiert, wenn Janka anständig geblieben wäre und Harich zurückgepfiffen hätte.
Von den einzelnen hervorragenden Besprechungen will ich nur kurz notieren: im Juli in der Wohnung Harichs, wo Harich seine Konzeption entwickelte und Janka sie mit seinem Beispiel der Praxis nicht nur lebhaft begrüßte, sondern untermauerte. Schon damals erhebt Janka Forderungen nach Führungswechsel in der Partei, nennt einige Minister und hat im Verlaufe der späteren Zeit immer entschiedener von sich aus solche Führungswechsel

propagiert. Sagt Harich. Und das ist wahr. Wir werden's erreichen, hat er Harich gesagt. »Und eines Tages wirst du die Artikel im ›ND‹ schreiben. Und dann haben wir's geschafft.« Das ist Janka. Die Besprechung am 23. November, da war die Rede davon, sagt Harich, daß er inzwischen Steinberger gefunden hat, und Janka sagt, ich habe den Steinberger, ich habe den Ökonomen, von dem du verlangt hast, daß er hinzugezogen werden muß. Janka ist sofort zur Einladung Steinbergers bereit, der ja nicht legal, sondern illegal, unter Verschleierung, kommen sollte und seine Einladung von Janka haben wollte. Sofort ist Janka dazu bereit, notiert seine Adresse und notiert sich die Telefonnummer. Gelogen, sagt Janka! Warum lügt er? Im Großen wie im Kleinen. Ein schweres Stück Schuld trägt Janka an den Zuständen im Aufbau-Verlag. Janka war einverstanden mit dem, was im »Sonntag« produziert wurde. Janka hat die Produzenten Zöger und Just prämiert ... Er will von alldem, was da besprochen worden ist, nichts wissen. Aber stellen Sie sich noch einmal, Oberstes Gericht, den Zeugen Goldammer[1] vor, diesen parteilosen Menschen, der hier als Zeuge, weil er ein ehrliches Gewissen hat, offen aussagt: die Forderung Harichs, weg mit dem Ersten Sekretär Walter Ulbricht, her mit Dahlem und Merker! Weg mit Benjamin und Melsheimer, weg mit der Staatssicherheit! Änderungen sind nötig!
Hat Janka selbst gesagt. Bitte. Nicht wahr! Überhaupt nicht wahr! Man kann Janka zehn Zeugen gegenüberstellen, dann lügen alle zehn!
Wer hat recht? ...
Am 21. 11. hat Janka das vollendet, wovon er seit langer Zeit vorher mit den übrigen Gruppenmitgliedern sprach. Harich hat gesagt, jetzt ist der Merker zurück, jetzt klappt's endlich. Jetzt wird gemacht, was von langer Hand vorbereitet war. Und so ist es geschehen! ... Die Darstellung des Janka, wie harmlos diese Zusammenkunft vom 21. November gewesen sei. Die wird also durch die Aussagen Merkers widerlegt. Und wenn die Zeugin

1 Peter Goldammer, Lektor im Aufbau-Verlag.

Just hier versucht hat, mit dem Hinweis auf das Dienstmädchen, was im Nebenzimmer den Tisch gedeckt hat – also kann es doch gar nicht so gefährlich gewesen sein –, so ist das albern. Wir stellen fest auf Grund der Aussagen des Zeugen Harich, daß man sogar darüber gesprochen hat, ob es richtig wäre, ausgerechnet bei Janka zusammenzukommen, weil nach Jankas Darstellung im Nachbarhaus eine Frau lebt, die Stasispitzel sei. Daß es deshalb gefährlich sei, dort hinzugehen. Man ist aber doch hingegangen. Man ist doch hingegangen. Er hat sich lange hier befragen lassen, bevor er sich, nach Vorhalt des Herrn Vorsitzenden, zu der Aussage bekannte, die er im Ermittlungsverfahren gemacht hat. Ich habe den 21. November organisiert, um Merker mit unseren gemeinsamen Anschauungen bekanntzumachen. Ich bitte, diesen Satz festzuhalten, damit gar kein Zweifel darüber besteht, daß er hier gelogen hat gegenüber dem, was er an wenigem in der Voruntersuchung preisgegeben hat. Er ist in keiner Weise dabei gewesen, als über die notwendigen Veränderungen im ZK und in der Parteiführung gesprochen worden ist. War nicht dabei! War immer oben bei den lieben Kinderchen, als der eine nach dem anderen durchgehechelt wurde! Als man von allen sprach – von Rau und Oelßner und Ulbricht und von allem, von Stoph gehechelt wurde, da ist er jedesmal, wenn einer am Hecheln war, rauf zu den Kinderchen. Das ist doch töricht! Seine eigenen Mitangeklagten haben ihn doch der Lüge überführt. ...
Die Zeugin Just hat nach vielen Ermahnungen davon gesprochen, daß die Rede davon gewesen ist, daß Walter Ulbricht ersetzt werden müsse. Der Zeuge Merker hat das gleichfalls gesagt, obwohl man ihm wahrhaftig nicht nachsagen kann, daß er seinen Freund Janka hier habe hineinreißen wollen. ... Aber er hat Tatsachen berichtet. Tatsachen, die von Harich bestätigt sind, die von einem Teil der Angeklagten bestätigt sind. In der Parteiführung muß unbedingt eine Änderung geschaffen werden. Doch er sagt – gelogen! Es ist die Rede davon gewesen – sagt Merker –, von den LPG, die schlechthin aufgelöst werden müßten, ist die Rede gewesen von der Reduzierung oder von der

nicht völligen Ausrottung – oder so ungefähr – der MTS. Von Westlizenzen ist die Rede gewesen. Von dem Zweifel an der Kollektivität der Parteiführung. Es ist von Rau und Oelßner gesprochen, ob die geeigneter Ersatz sein könnten für Ulbricht. Alles das hat der Zeuge Merker bekundet. Und er kann sich absolut nicht erinnern! Das geht vom absoluten Nichterinnern zum Nichterinnern, zum Kaumerinnern, bis zum Verneinen, zum Lügen, zur groben Lüge! ...

Ja, Merker hat die Situation nach meiner Auffassung treffend geschildert, als er bestätigt hat auf meine Frage, daß er ganz erstaunt gefragt hat, ob man denn so überhaupt diskutieren könne, und daß ihm dann geantwortet wurde: »Ja, so diskutieren wir alle Tage.« Merker, der alte Kommunist, ist nicht gewohnt, daß man so über seine Parteiführung diskutiert mit dem Ziele, sie abzusetzen.

Janka hat nicht nur die Konzeption Harichs gekannt, Janka hat auch wesentliche Wege gekannt, die Harich vorhatte, um die Konzeption zu verwirklichen. Harich hat hier deutlich gesagt ..., daß Merker gewonnen werden sollte, um die Konzeption zur Durchführung zu bringen, (daß diese Idee) von Janka stammt. Und Just hat bestätigt, und Harich hat weiter bestätigt, daß er ihm zwei Wochen Urlaub geben wollte für die schriftliche Abfassung, daß es dann an die Mitglieder des ZK gehen sollte. Er bestreitet, was Merker sagt, daß auf Harichs Vorschlag also die Konzeption an alle Mitglieder und an bedeutende Persönlichkeiten gehen sollte. Dieser Plan Justs, so nannte Harich ihn, die Diskussion der Partei aufzuzwingen durch schriftliche Niederlegung und Versendung der Konzeption der Gruppe, wird also auch von Just bestätigt, der mit Harich gemeinsam diesen Plan einige Tage später Janka mitgeteilt hat. Janka wußte nicht nur von diesem Plan, der zum Teil, was Merker angeht, sein eigener Plan gewesen ist, sondern Janka wußte auch genau über die theoretische Konferenz Bescheid, die – ich denke, das hat die Hauptverhandlung klar ergeben – dem Zwecke dienen sollte, die Partei mit der Konzeption der Gruppe zu überfallen. ...

Die Theoretiker-Konferenz war also das Mittel. Sie sollte einberufen werden vom ZK. Harmlos, politische Tagesfragen sollten besprochen werden. Meinetwegen, weltpolitische Probleme sollten besprochen werden. Es sollten Referate gehalten werden und dann aus dem Hintergrund geschossen. Harich, Janka. Harich und Just, die selber reden wollten. Das ist einer der Wege. Janka hat aber ebenso gut den Sinn und Zweck der Hamburg-Reise Harichs gekannt. Janka wußte genau, daß diese Reise unserer oppositionellen Aktivität dienen sollte, hat Harich hier erklärt. Und er selbst hat nach vielen Befragungen und nach vielem Hin und Her und vielem Leugnen (ich sehe keinerlei Zusammenhang zwischen der Konzeption und der Reise nach Hamburg), schließlich in die Enge getrieben, zugegeben, ich hielt es für wahrscheinlich, daß Harich seine Konzeption dort vortragen würde. Er hat auch gewußt, als Harich am 29. zurückkam, daß Harich mit Gleisberg[1] Artikel für die »Andere Zeitung« im Sinne der Konzeption vereinbart hatte. Es kann gar nicht anders sein, sagt Harich, daß er, er, na, daß diese Artikel, die vereinbart worden sind, daß diese Artikel im Sinne der Konzeption sind. Es kann in der Tat nicht anders sein. Janka kannte den Sinn und Zweck der Volkspolen-Reise sehr genau. Harich sagt, Janka war völlig klar, daß die Reise mit unserer Feindtätigkeit zusammenhing, und er wußte auch, daß man einen Grund suchte, um diese Reise zu kaschieren, ihr ein offizielles Mäntelchen zu geben, wozu dann das Buch von Schaff[2] gehörte, in dem einige Fehler vorgekommen seien. Jetzt habe ich endlich meinen Grund gefunden, habe ich Janka gesagt, hat Harich hier als Zeuge erklärt. Er wußte also auch davon. Er wußte noch mehr. Janka kannte die gefährlichsten Pläne Harichs. Die gefährlichsten Pläne, die darin gipfelten, bei den kleinsten Unruhen in der Deutschen Demokratischen Republik ... werden wir Aufrufe von Westberlin loslassen. Über den RIAS werden wir, wenn

1 Herausgeber von »Die Andere Zeitung«, Hamburg.

2 Adam Schaff, polnischer Philosoph, schrieb u. a. Marx oder Sartre (1961), Sprache und Erkenntnis (1963), Wohin führt der Weg? (1985).

der Aufstand ausgebrochen sein wird, dafür sorgen, daß der Aufstand vom RIAS her gelenkt wird.
Diese Konzeption Harichs, dieser Weg 3 und 4 ist, das bekundet Harich trotz aller Fragen und Reden mit Klarheit, schon am 2. November Janka auseinandergesetzt worden. Im Zusammenhang mit dem Plan, Aufrufe für Arbeiter- und Soldatenräte zu erlassen. Hat es abgelehnt, Janka. Hats abgelehnt! Wenn es losgeht, kämpft er mit den sowjetischen Panzern, hat er gesagt. Aber er kannte doch den Plan Harich. Er kannte ihn sehr genau. Er ist dessen mehrfach überführt durch Harich, daß es am 2. November geschehen ist. Am 21. November, sagt Harich, ist er wieder mit diesem Plan gekommen, aber bloß bis zu diesem Wort »Ultimatum«, um dann als nicht real abgelehnt zu werden. ...
Es wird also vollkommen klar, wenn man sich im Geiste noch einmal die Zeugen hier aufziehen läßt, die über diesen Fall ausgesagt haben. Da ist der parteilose Goldammer. Der sagt, am 23. November hat Harich in der Wohnung von Caspar[1] gesagt, nein, nicht in der Wohnung Caspars, sondern mir gesagt, mir, dem Zeugen Goldammer gesagt, falls ich bei der Partei nicht durchkomme, dann werde ich RIAS, Rundfunk, Zeitungen in Anspruch nehmen usw. Der Zeuge Goldammer, der also kein Genosse ist und kein alter Kommunist, der hört das zum ersten Mal in seinem Leben, und schon läuft er zum Parteisekretär ... Schubert[2], und Schubert bestätigt, daß Goldammer ihm das gesagt hat. Und Caspar bestätigt, daß Schubert es ihm gesagt hat, und Schubert und Caspar bestätigen, daß sie zu Janka gegangen sind und ihm das mitgeteilt haben. Und daß man beschlossen hat, man will den Harich zurechtweisen wegen dieser Äußerung. Und er hat ihn zurechtgewiesen. Harich hat das hier plastisch geschildert, wie er ihn zurechtgewiesen hat. Als er am 29. zurückkam, sagt Harich, da hat Janka mir gesagt: aber sag' mal Mensch, was machst du denn für Dinge, wie kannst du denn im Verlag, wie kannst du denn mit bürgerlichen Menschen über die

1 und 2 Lektoren im Aufbau-Verlag

RIAS-Geschichte sprechen? Winke, winke, hat er gemacht. Sei vorsichtig! Das war alles, was der gute, alte parteitreue Kommunist beim Kennenlernen solcher Pläne zu sagen hatte. Er wird also nicht nur durch Harich, nicht nur durch die Mitangeklagten, nicht nur durch Steinberger und Wolf überführt, sondern er wird auch überführt durch seinen besten Freund Paul Merker. Janka ist schuldig, die Konzeption der Gruppe in allen wesentlichen Punkten gekannt zu haben, wesentliche illegale Wege zur illegalen Durchsetzung dieser Konzeption gekannt und gebilligt zu haben. Alle Angeklagten sind des Staatsverrats schuldig. Alle Angeklagten haben sich staatsfeindlich betätigt. Die rechtliche Qualifikation dieser Betätigung, als unter Artikel 6 der Verfassung fallend, ist im Prozeß Harich festgestellt, daß im Sinne des Artikels 6 hier von Boykotthetze gesprochen werden muß. Und so komme ich zu den Strafanträgen:

Ich beantrage gegen Janka, diesen Kommunisten, der seine Partei verraten hat, dem die Pläne bekannt waren, der ein Lügner ist, der die größte Verantwortung als Verlagsleiter hatte, fünf Jahre Zuchthaus.

Für Just, Naziverbrecher, Karrierist, Fragebogenfälscher, nach Janka Tätigster, dreieinhalb Jahre Zuchthaus.

Für Zöger, Arbeitersohn, der selbst aufgeweicht war nach einer guten Vergangenheit und aufweichend wirkte, dessen Schuld geringer ist, geringer als die von Just, zweieinhalb Jahre Zuchthaus.

Gegen Wolf, diesen in der Emigration zur Arbeiterbewegung gestoßenen Menschen, der, ich möchte sagen, von Anfang an kein Vertrauen zur Partei und zur Regierung hatte, der schwere Schuld auf sich geladen hat, der die Wege zur Durchsetzung der Konzeption wesentlich bereicherte, den Inhalt der Konzeption bereicherte, der aber, das unterscheidet ihn von der Tätigkeit der übrigen Angeklagten, nur einmal, am 25., tätig war, während die anderen gewirkt haben durch Monate. Er ist nach meiner Auffassung im gleichen Maße schuldig, wie sich Steinberger im Harich-Prozeß schuldig gemacht hat. Ich beantrage gegen Wolf vier Jahre Zuchthaus.

# Feinde

Im ehemaligen »Institut für Geschichte der Arbeiterbewegung« lagert unter »Streng vertraulich«, Aktenzeichen ZPA J IV 2/202/16, eine umfangreiche »Analyse der Feindtätigkeit innerhalb der wissenschaftlichen und künstlerischen Intelligenz«. Die Verfasser werden nicht benannt. Angefertigt wurde sie im Jahre 1957, nach dem Prozeß gegen Walter Janka und andere. Inhalt und Form des Berichts kommen IM-Berichten der Staatssicherheit gleich.

Mit Rücksicht auf das Deutsche Datenschutz-Gesetz beschränke ich mich auf Auszüge, die meine Person und meine Tätigkeit als Leiter des Aufbau-Verlages betreffen.

Die ersten zwei Seiten der Analyse, hier in vollem Wortlaut gedruckt, machen das Ausmaß der tiefen Krise erkennbar, unter der in den 50er Jahren viele Intellektuelle der DDR zu leiden hatten.

Nicht zutreffend sind Behauptungen, daß sich die »konterrevolutionären Tendenzen« auf einige Mitarbeiter im Aufbau-Verlag reduziert hätten. Richtig ist, daß Ulbricht, Honecker, Mielke und Melsheimer den Aufbau-Verlag zum Gespenst der Konterrevolution stigmatisierten, um die Intellektuellen republikweit mit Terror einschüchtern zu können, zugleich aber auch Kritiker in der Parteiführung selbst abzuschrecken.

Streng vertraulich!

Analyse der Feindtätigkeit innerhalb der wissenschaftlichen und künstlerischen Intelligenz

Kurze Zusammenfassung der wesentlichen Ziele und Methoden des feindlichen Planes:

A. Die staats- und parteifeindliche Gruppierung Harich – Janka
   1. Die politisch-ideologische Konzeption der Gruppierung
   2. Die ideologische Beeinflussung der Gruppierung
   3. Das politisch-organisatorische Zentrum der Gruppierung
      a) der Aufbau-Verlag und die Redaktion »Sonntag«
      b) der Verlag »Rütten u. Loening« und die Redaktion »Zeitschrift für Geschichtswissenschaft«
   4. Die Ausnutzung der legalen Möglichkeiten
   5. Die Unterstützung der Gruppierung
   6. Sonstiges
      a) die Haltung zur Inhaftierung und Verurteilung Jankas
      b) der Prozeß gegen Janka und andere

B. Ideologische Bastionen feindlicher Art in den wissenschaftlichen und kulturpolitischen Einrichtungen der DDR Universitäten, Hochschulen und wissenschaftl. Einrichtungen
   1. Einleitung
   2. Die Auswirkungen der Tätigkeit des Prof. Bloch
      a) Feindliche Einflußnahme auf Harich
      b) Feindliche Tendenzen unter Bloch-Schülern
      c) Auswirkungen auf andere Universitäten
   3. Der Verrat des Prof. Kantorowicz
      a) Politische Haltung von Kantorowicz
      b) Zur Flucht von Kantorowicz
      c) Die Haltung intellektueller Kreise zur Flucht Kantorowiczs
   4. Partei- und staatsfeindliche Gruppierungen
      a) Gruppe Lucht – Universität Halle
      b) Gruppe Schröder – Universität Leipzig
      c) Gruppe Habedank – Universität Halle
      d) Gruppe Thiele – TH für Chemie Halle-Merseburg
      e) Gruppe Lehmann – Lehrerbildungsinstitut Neuzelle
      f) Gruppe Hasse – Universität Leipzig
      g) Gruppe Schubert – Universität Leipzig
      h) Einzelgänger

5. Gesamtdeutsche Zusammenarbeit als Mittel zur feindlichen Beeinflussung von DDR-Studenten
   a) Studentenpfarrer Schmutzler – Universität Leipzig
   b) Gruppe Giersch – Evangelische Studentengemeinde Weimar
6. Bildung von offiziellen Organisationen und Publikationsorganen partei- und staatsfeindlichen Charakters
   a) Jacobiner-Club – Universität Berlin
   b) Donnerstag-Kreis
   c) Klubs junger Künstler
   d) Forderung nach eigenständiger Künstlerzeitschrift
7. Forderungen nach »unabhängigen« Studentenorganisationen
   a) Universität Berlin
   b) Bauhochschule Weimar
   c) Universität Jena
8. Sonstiges
   a) Abhören von Westsendern zwecks »objektiver« Informierung
   b) Beschaffung und Verbreitung von revisionistischen Schriften
   c) Forderungen nach »höherer« Demokratie
9. Publikationseinrichtungen
   a) Presseorgane
      ADN
      Redaktion »Wochenpost«
      Redaktion »Eulenspiegel«
      Redaktion »Magazin«
   b) Staatliches Rundfunkkomitee
   c) Deutsche Konzert- und Gastspieldirektion
   d) Volkschöre

Bis Seite 12 folgen Texte wie: ». . . in der DDR richtet der Feind seine Aufmerksamkeit vor allem auf Kreise der Intellektuellen mit dem Zweck . . ., daß die geistige Potenz gegen die Politik der Partei wirksam wird. . . .«

Seite 13 gibt Auskunft über die Verhaftungen im Jahre 1957. Angehörige der technischen Intelligenz wurden in dieser Statistik nicht erfaßt. Rechnet man die offiziell zugegebenen Zahlen bis zum Untergang der DDR hoch, läßt sich ermessen, welches Ausmaß die Repressionen angenommen haben. Nicht alle Verfolgten sind aus dem gleichen Grund in Ungnade gefallen. Wenn es aber um die Bekämpfung politischer Gegner ging oder Andersdenkender, wurde DDR-Recht regelrecht zu Unrecht.

Übersicht

über die im Jahre 1957 festgenommenen Wissenschaftler, Assistenten, Studenten, Lehrer, Schüler sowie Journalisten und sonstigen Angestellten aus Redaktionen (außer Angestellten der techn. Intelligenz)

| | insges. | Staatsverbr. und Verrat | Untergrund-tätigkeit | Spionage |
|---|---|---|---|---|
| Lektoren | 4 | 4 | – | – |
| Dozenten | 3 | – | 1 | 2 |
| wiss. Mitarb. | 5 | – | 1 | 4 |
| Assistenten | 2 | – | 1 | 1 |
| Aspiranten | 4 | 1 | 3 | – |
| Studentenpfarrer | 1 | – | 1 | – |
| Studenten | 48 | 2 | 35 | 13 |
| Lehrer | 6 | – | 2 | 4 |
| Oberschüler | 7 | – | 7 | – |
| Schüler | 2 | – | 2 | – |
| Journalisten und sonst. Mitarb. aus Redaktionen | 5 | 3 | 2 | – |
| insgesamt | 87 | 10 | 53 | 24 |

Ab Seite 21 folgt unter der Überschrift »Das politisch-organisatorische Zentrum der Gruppierung«:

... Der Aufbau-Verlag und die angeschlossene Redaktion »Sonntag«. Das politisch-organisatorische Zentrum der konterrevolutionären Bestrebungen der Gruppierung Harich war der Aufbau-Verlag, der bedeutendste Verlag schöngeistiger Literatur in Deutschland und die ihm angeschlossene Redaktion des »Sonntag«, des bedeutendsten kultur-politischen Wochenblattes der DDR.

Harich, der bei diesem Verlag eine Abteilung leitete, fand in der Person des Verlagsleiters Janka, im Chefredakteur des »Sonntag«, Zöger, und in dessen Vertreter Just, Personen, die gleich ihm feindlicher Beeinflussung erlegen waren und aus den verschiedensten Motiven heraus gegen die Politik der Partei opponierten.

Außerdem waren zahlreiche andere Mitarbeiter des Verlages, wie der Cheflektor Schröder, der Parteisekretär Schubert, die Redakteure Caspar, Düwel, Müller-Claud, Heitkamp usw. ebenfalls in mehr oder minder großem Umfange von revisionistischen und hetzerischen Einflüssen bestimmt.

Diese Stellung ergab sich besonders durch das Verhältnis dieser Personen zu einer Reihe von Schriftstellern und Kulturschaffenden, die in starkem Maße derartigen Bestrebungen nachhingen. So wurden diese Personen zu Mittätern oder zumindest zu einer willigen Kulisse für die konterrevolutionären Bestrebungen. ...

Da weder die Leitung noch die Parteileitung des Verlages sich dem konterrevolutionären Abgleiten in den Weg stellten, die staatspolitische Erziehung der Mitarbeiter und auch die parteierzieherische Arbeit stark vernachlässigten, dagegen aber der parteifeindlichen Diskussion Tür und Tor geöffnet wurde, erfolgte auch bei den übrigen Mitarbeitern eine ideologische Zersetzung. ...

Äußerst kennzeichnend dafür, in welchem Umfange diese ideologische Zersetzung unter den Mitarbeitern des »Aufbau-Verlages« zu einer gegen die Partei und ihre Führung gerichteten

feindlichen Haltung hinüberwuchs, zeigt der Stand der im Verlag betriebenen Fehler-Diskussion zur Zeit der Ereignisse in Polen und Ungarn. ...
Außerdem war die Gruppierung bestrebt, Kontakte zu ehemals führenden politischen Funktionären herzustellen, wie zum Beispiel zu Merker, in der Spekulation, daß sich diese bereitfinden würden, die konterrevolutionären Pläne zur Spaltung der Partei mit ihrem Namen zu unterstützen.

Die Ausnutzung der legalen Möglichkeiten

Die Angehörigen der konterrevolutionären Gruppierung ... haben offensichtlich alle im Bereich ihrer Funktion liegenden Möglichkeiten ausgenutzt, um die verbrecherischen Pläne ideologisch vorzubereiten und zu unterstützen. So wurde z. B. im »Aufbau-Verlag« in den letzten Jahren eine politische Linie verfolgt, die nicht in Einklang mit den Interessen der Partei stand.
Eine Analyse der Politik des Verlages dürfte u. a. zu der Feststellung führen,
daß großer Wert auf die Veröffentlichung von wissenschaftlichen Anschauungen bürgerlicher Prägung und von marxistisch-leninistischen Schriften mit revisionistischen Zügen gelegt wurde.
In welcher Weise darüber hinaus das politische Gesicht der Veröffentlichungen bestimmt wurde, zeigt sich u. a. auch in einer Erklärung Harichs in seinem Lebenslauf:
»Janka betrachtete nach dem XX. Parteitag der KPdSU Stalin als einen Massenmörder und ordnete an, daß jede positive Äußerung über Stalin aus Neuauflagen der Bücher des ›Aufbau-Verlages‹ auszumerzen sei.« ... Weiter wird bei einer Analyse des Verlages offensichtlich, daß eine den Interessen der Partei zuwiderlaufende Kaderpolitik betrieben wurde, die darauf gerichtet war, sich mit unfähigen, politisch schwankenden Elementen zu umgeben. So wurde zum Beispiel im November 1952 der Absolvent Helmut Kraft von Janka eingestellt, obwohl Beurteilungen vorlagen, aus denen ersichtlich ist, daß Kraft in seiner gesellschaftlichen Entwicklung vollkommen stehengeblieben ist und den Marxismus-Leninismus nur formal beherrscht. Trotzdem er

im Verlaufe seiner Tätigkeit seine Unfähigkeit mehrfach unter Beweis stellte, wurde Kraft von Janka wiederholt prämiert und mit Gehaltserhöhungen bedacht.
Ähnlich verhielt es sich mit dem Lektor Fritz Hoffmann. Bei diesen Personen und anderen Mitarbeitern des »Aufbau-Verlages« zeigte sich als Folge sehr deutlich, daß sie völlig hörig waren. ...
Eine noch verderblichere Rolle spielte die dem »Aufbau-Verlag« angeschlossene Wochenzeitung »Sonntag« ... das zentrale Organ der konterrevolutionären Bestrebungen verschiedener intellektueller Kreise der DDR.
In dieserZeit erschienen im »Sonntag« eine Reihe von Artikeln zu Fragen der Literatur, Kunst und auch Philosophie, die einen revisionistischen und oft parteifeindlichen Charakter hatten. ...
Dazu müssen ohne Zweifel auch solche Artikel gezählt werden, wie »Leipziger Allerlei« von Zwerenz, »Sagen Sie Gerechtigkeit, Genossin« von Tibor Déry, »Gedichte« von Wazyk u. a.
Die Zeitung »Sonntag« war nicht nur das ideologische Sprachrohr, ... sie war darüber hinaus zugleich das organisatorische Element zur Zusammenführung und Zusammenfassung anderer konterrevolutionärer Elemente unter den Intellektuellen, denen der »Sonntag« seine Seiten zur Verfügung stellte. Der »Sonntag« gab den verschiedensten, ursprünglich meist unabhängig voneinander entstandenen feindlich orientierten Personen und Gruppierungen von Intellektuellen in der DDR den ersten ernsthaften Zusammenhalt, wie das zum Beispiel offensichtlich wird in den Beziehungen der Schriftsteller Zwerenz und Loest zum »Sonntag«. In diesem Sinne dürfte auch die Haltung Blochs zum »Sonntag« zu verstehen sein. ...
Um den einzelnen Strömungen und Richtungen in den Kreisen der Intelligenz besser Rechnung tragen zu können und vermutlich auch um eine wirksame Kontrolle zu verhindern, wurden bereits mehrere Projekte diskutiert, nach denen mehrere Zeitungen herausgegeben werden sollten, in denen die verschiedensten Kreise der Intelligenz ihre Meinung veröffentlichen sollten.
Diese Projekte wurden insbesondere auch von einem verant-

wortlichen Genossen unterstützt, der dadurch, nach seinen Äußerungen, eine größere Vielseitigkeit des künstlerischen und wissenschaftlichen Lebens erhoffte ... (Gemeint ist Johannes R. Becher – W. J.)

Die Unterstützung der Gruppierung

Die konterrevolutionäre Ideologie der Gruppierung Harich war innerhalb der DDR einer Reihe namhafter Persönlichkeiten des öffentlichen Lebens bekannt und wurde von ihnen in der Hauptsache dadurch unterstützt, daß sie dieser Ideologie entweder versöhnlerisch oder überhaupt nicht entgegentraten.
Es muß darüber hinaus festgestellt werden, daß einzelne verantwortliche Funktionäre die Tätigkeit der konterrevolutionären Gruppierung nicht nur duldeten, sondern sogar zuließen, daß gesellschaftliche und staatliche Einrichtungen zur Unterstützung der konterrevolutionären Gruppe ausgenutzt wurden.
... Das gilt vor allem für die Leitung des Kulturbundes und des Ministeriums für Kultur.
Die feindliche Ideologie war folgenden Personen bekannt, die mitdiskutierten:

| | |
|---|---|
| Alfred Kosing | – Institut für Gesellschaftswissenschaften beim ZK |
| Walter Freund | – Direktor der Akademie der Wissenschaften |
| Rudi Engel | – Direktor der Akademie der Künste |
| Ernst Müller | – Mitarbeiter des Apparates des ZK |
| Heinz Schmidt | – Chefredakteur des »Eulenspiegel« |
| Ernst Busch | – Schauspieler |
| Wieland Herzfelde | – Prof. an der Universität Leipzig |
| Georg Klaus | – Prof. an der Berliner Universität |
| Fritz Klein | – Chefredakteur der Deutschen Zeitschrift für Geschichtswissenschaft |
| Fritz Raddatz | – Lektor im Verlag »Volk und Welt« |
| Heinz Kahlau | – Satiriker, »Eulenspiegel« |
| Edith Balzer | – Kunsthistorikerin, »Berliner Zeitung« |
| Paul Wiens | – Schriftsteller |

Erich Arendt – Lyriker
Günter Kunert – Dichter
Georg Piltz – Literaturkritiker, »Sonntag«
Manfred Bieler – Mitarbeiter im Schriftstellerverband
Frankenstein – Maler

... Unter diesem Gesichtspunkt müssen auch die von Prof. Ernst Bloch und Hans Mayer betriebenen Bemühungen gesehen werden, von der Basis der Universität Leipzig und der Akademie der Wissenschaften aus, eine Protestresolution ... zu verfassen. ...

Der inzwischen festgenommene Janka ist den genannten Elementen von seiner Person her geeigneter Ausgangspunkt zur Fortsetzung der zersetzenden Diskussion gegen Partei und Regierung. ...

Diese Diskussion erfährt einen Höhepunkt und nochmalige Steigerung, als Janka vor Gericht steht, dem nunmehr alle Sympathien ausgedrückt werden ... Das Ganze ist offensichtlich Taktik bestimmter Elemente unter den Intellektuellen. Jankas Person ist von seiner Vergangenheit her brauchbarer für die offizielle Diskussion. ...

Der Prozeß gegen Janka
und andere/Bemerkungen zum Prozeßverlauf

Ein gewisser Mangel des Prozesses bestand darin, daß der politische Zusammenhang der sich ergebenden Fakten und strafrechtlichen Handlungen in der Prozeßführung nicht in jedem Falle eindeutig genug aufgezeigt wurden. So war es durchaus möglich, daß in der Verhandlung der Eindruck entstand, daß zum Beispiel die Tätigkeit der konterrevolutionären Gruppierung Harich–Janka und die vom »Sonntag« betriebene Zersetzungspolitik, wenn auch nicht unabhängig voneinander, so doch aber auch nicht im Zusammenhang zu sehen seien. Es wurde also in der Beweisführung von Seiten des Gerichts nicht in jedem Fall darauf hingearbeitet, die großen politischen Zusammenhänge zwischen der Tätigkeit der Gruppierung und den Plänen des Feindes aufzuzeigen, und es sind ebenso Versäumnisse

festzustellen in Richtung darauf, daß der »Aufbau-Verlag« das politisch-organisatorische Zentrum der Gruppierung war, und daß die der Gruppierung damit in die Hand gegebenen Möglichkeiten durchaus ausgenutzt wurden im Sinne der staats- und parteifeindlichen Tätigkeit. ...
Es blieb deshalb dem Generalstaatsanwalt vorbehalten, in seinen Bemerkungen und vor allem in seinem Plädoyer diese und andere Fragen in eindeutiger politischer Sicht herauszuarbeiten. ...
In einem bestimmten Zusammenhang zu den genannten Mängeln in der Verhandlungsführung dürfte die Erscheinung zu sehen sein, daß die Beweisaufnahme, insbesondere die Vernehmung der Angeklagten durch den Vorsitzenden, einige Male auf eine Ebene abglitt, die auf der Grundlage der objektivistischen Rekonstruktion bestimmter Äußerungen innerhalb der Gruppierung, feindliche Verleumdungen kolportierte.
Das betrifft vor allem die unerhört detaillierte Wiedergabe von Charakteristiken von Politbüro-Mitgliedern in der Anschauungsweise der Gruppierung. Das betrifft weiter vor allem ebenso verleumderische Behauptungen über die Leitung der Staatssicherheit. Der Vorsitzende sah diesen Komplex offensichtlich nicht von der politischen Seite her, d. h. von der Warte der politischen Ziele der Gruppierung, (Veränderung in der Parteiführung und Regierung, Auflösung der Staatssicherheit usw.), sondern legte äußersten Wert auf die genaueste Wiedergabe der in der Gruppierung gegen führende Funktionäre geäußerten Verleumdungen. ...

In die »Analyse« wurden auch zahlreiche Bloch-Schüler einbezogen.

... Gerhard Zwerenz war ebenfalls Student bei Bloch; er ließ sich aus angeblich gesundheitlichen Gründen exmatrikulieren, arbeitete dann gemeinsam mit Kleine und Zehm an dem Buch »Geheimbünde« und wurde Anfang September 1957 republikflüchtig.

Z. unterhielt auch nach seiner Exmatrikulation Kontakte zu Bloch. In den Mittelpunkt rückte er durch die Veröffentlichung des Artikels »Leipziger Allerlei« im »Sonntag« Nr. 43/56, in dem das kulturelle Leben in Leipzig in diffamierender Weise angegriffen wird.

Z. unterhielt auch enge Verbindungen zu dem Leipziger Schriftsteller Erich Loest. Z. soll außerdem im »Donnerstag-Kreis« in Berlin als Referent aufgetreten sein.

Zwerenz erklärte am 26. 3. 1957:

»Wir treiben eine starre marxistische Philosophie, die langweilig wirkt. Man müßte eine interessante Philosophie schaffen, die Anklang findet unter Akademikern und Wissenschaftlern.«

Unsere ideologische Linie sei nicht klar. Er habe andere Auffassungen, die sich dem Standpunkt von Bloch sehr stark nähern und in vielen Fällen gleichlautend sind.

Die neueren Aspekte dieser Blochschen Philosophie seien gegenwärtig im Keller verschwunden, aber sie würden eines Tages wieder auftauchen und die marxistische Erkenntnistheorie vervollständigen. »Bloch ist als Person und Philosoph der bedeutendste Kopf der Welt.«

Nach Verlassen der DDR schrieb Zwerenz im »Telegraf« einen Artikel »Zur geistigen Situation der Zonenschriftsteller« unter dem Titel: »Die Lüge wird gut honoriert«, in dem es u. a. heißt:

»... Die tragischen Ereignisse in Ungarn gaben Ulbricht Oberwasser. ... Man vereinfacht, wenn man die unter Ulbricht schreibenden Intellektuellen alle einfach als gekaufte Lohnschreiber abtut. ... Wer wie gedruckt lügen kann, erhält auch entsprechende Bezahlung. Zur Ehre der Schriftsteller muß aber gesagt werden, daß sich viele – mehr als man im Westen gemeinhin annimmt – von einer derartigen Entwürdigung fernhalten.«

Leo Derrick war Student bei Bloch. Er trat während der Ereignisse in Ungarn mit konterrevolutionären Forderungen auf und versuchte unter den Studenten Mißstimmung und Opposition zu schaffen. D. verkehrte eng mit Kleine und galt als absoluter Bloch-Anhänger. Er wurde am 22. 6. 1957 festgenommen. ...

Hannelore Werle war Studentin bei Bloch, dann Assistentin. Sie

ging 1956 als Assistentin an die Humboldt-Universität-Berlin. Die W. ist als Bloch-Anhängerin bekannt und hatte fest Verbindungen ideologischer Art zu Teller, Kleine, Zehm u. a.
Richard Lorenz war Student und dann Assistent bei Bloch. Er wurde republikflüchtig und schrieb über die Gründe seiner Handlungsweise gegen Ende April 1957 einen Brief an Zwerenz, in dem es sinngemäß heißt:
Er sei und bleibe Marxist, könne aber im »Zuchthaus DDR« nicht mehr mitmachen.
Lorenz hielt Hetzreden im RIAS, NWDR und soll dabei Bloch zum Verlassen der DDR aufgefordert haben. In Westdeutschland veröffentlichte er in der Studentenzeitschrift »Colloquium«, 5/57, den Artikel »Freiheit in philosophischer Sicht«, in dem er ein Bloch-Bekenntnis mit der Feststellung verband, daß die Philosophie in der DDR einen absoluten Tiefstand erreicht habe.
Bloch erklärte nach der Flucht von Lorenz:
»Er hat eine unvergleichliche Sprache, und er hat auch das Niveau für Westdeutschland.«

Auswirkungen auf andere Universitäten:

Auch auf Studenten von anderen Universitäten, die auf irgendeine Art und Weise von Blochs Theorien Kenntnis bekommen hatten, übten diese Auffassungen einen äußerst negativen Einfluß aus. ...

Neben Professor Ernst Bloch wird Alfred Kantorowicz von der Humboldt-Universität Berlin breiter Raum gewidmet. Auf Befehl des SED-Politbüros wurden nach Kantorowiczs Flucht die Dozenten Dr. Herbert Crüger, Dr. Heinrich Saar und Dr. Erwin Gülzow verhaftet und im Dezember 1958 in Potsdam, auf Antrag des Staatsanwaltes Maaß, von den Oberrichtern Wohlgetan und Hesse, unter Beisitz der Hausfrau Lehmann und der Rentnerin Seeger als Schöffen, zu je acht Jahren Zuchthaus verurteilt. Das allerdings verschweigt die Analyse. Da ich Alfred Kantorowicz aus jahre-

langer Zusammenarbeit im Aufbau-Verlag gut kenne, glaube ich zu wissen, daß er es nicht überlebt hätte, wenn ihn Hausfrauen, Rentnerinnen und Richter nach endloser Untersuchungshaft in Hohenschönhausen zu zehn Jahren verurteilt hätten.
In der Analyse heißt es:

... Obwohl Kantorowicz bereits 1931 der KPD beigetreten war, zeigte sich jedoch seine wirkliche Haltung darin, daß er in Amerika eine leitende Funktion als Direktor der Auslandsnachrichtenabteilung beim Radio Konzern »Columbia Broadcasting System« im Rahmen des Foreign Department übernehmen konnte, was bei konsequentem Auftreten nicht möglich gewesen wäre. Hinzu kommt, daß K. der einzige unter den deutschen Genossen in der amerikanischen Emigration war, der sich 1945 weigerte, eine Erklärung zu unterschreiben, in der die Genossen von der amerikanischen Regierung in der Zeitung das Recht auf Rückkehr nach Deutschland forderten. ... 1946 bezog K. als Mitglied des Komitees »The German American« über den Kulturbund der deutschen Emigranten in England eine Liste mit Namen und Charakteristiken deutscher Widerstandskämpfer, um angeblich Paketsendungen an sie durchzuführen. Diese Liste wurde in der Zeitung »German American« veröffentlicht, wodurch dem amerikanischen Geheimdienst Gelegenheit gegeben wurde, diese Genossen kennenzulernen und sich auf sie zu konzentrieren. ...
Als vom Gen. Dahlem nach der Rückkehr K.s sein Projekt einer Zeitschrift zur »geistigen Überbrückung der Spaltung Deutschlands« abgelehnt wurde, war K. darüber so beleidigt, daß er es ablehnte, wieder in die Partei einzutreten. Erst Jahre später stellte er einen Wiederaufnahmeantrag. ...
K. hatte in dieser Zeit nach seiner Rückkehr enge Verbindungen zu einer Miss Booth von der Amerikanischen Militärregierung in Berlin. Der Charakter dieser Verbindung ist nicht bekannt. ...
Im Herbst 1948 gehörte K. zu dem Kreis der Bekannten des damaligen Chefs der Tschechoslowakischen Militärmission in Berlin, Bedřich Brügel, der 1949 zum Renegaten wurde. ...

Auf eine Aufforderung der schwedischen Akademie der Wissenschaften an K., einen Kandidaten für die Verleihung des Nobel-Preises vorzuschlagen, nominierte dieser Anfang dieses Jahres den ungarischen Literaturwissenschaftler Georg Lukács. ...
Als der Deutsche Schriftstellerverband sich in einer Erklärung zu den ungarischen Ereignissen im Herbst vergangenen Jahres von den konterrevolutionären Umtrieben ungarischer Intellektueller distanzierte, lehnte K. als Vorstandsmitglied seine Unterschrift ab. ...
Die Republikflucht von Kantorowicz muß ohne Zweifel als ein Teil des großen Planes des Gegners angesehen werden. ...
Wie das Verhalten von K. unmittelbar nach Verlassen der DDR zeigt, handelt es sich um eine von Seiten des Feindes vorbereitete Aktion mit dem Ziel, die durch den Besuch der sowjetischen Partei- und Regierungsdelegation unter Chruschtschow und Mikojan weiter erfolgte Stärkung der DDR zu stören und zugleich Adenauer bei den Wahlen Hilfe zu leisten. ...
Das geht auch aus einem Gespräch des Leiters der Presseabteilung im Kaiser-Ministerium, von Hammerstein, mit dem Leiter der Abteilung »Ost-Fragen« des Senders »Freies Berlin« hervor. Von Hammerstein sprach den Angestellten des Senders »Freies Berlin« seine Glückwünsche für die von ihnen so gut gemachte Sache im Fall Kantorowicz aus. ...
Bemerkenswert für den Hintergrund des Verrates von Kantorowicz ist auch das Anerbieten des Britischen Hauptquartiers in Westberlin, das ihm nach seinem Übertritt sofort eine Funktion in England anbot. ...

## Die Haltung intellektueller Kreise zur Flucht Kantorowiczs

Die Trotzkistin Babette Groß (Schwester von Margarete Buber-Neumann) erklärte zum Übertritt Kantorowiczs nach Westberlin: »Wenn alle Leute rüberkommen, die anderer Meinung sind, dann bleiben ja keine drüben.«
Das ist zweifellos so zu verstehen, daß der Gegner daran interessiert ist, daß oppositionell eingestellte, vom revisionistischen

Ideengut bestimmte Intellektuelle in der DDR verbleiben, um hier gewissermaßen von innen her Zersetzungsarbeit zu leisten. ...
Diese Linie deckt sich im wesentlichen mit den Auffassungen einer Reihe von Intellektuellen in der DDR. Diese Personen, vor allem Schriftsteller, nahmen gegen Kantorowicz im Prinzip nicht Stellung, weil er die DDR verließ, sondern vielmehr, weil er die »Front verlassen hat und in die sichere Etappe gegangen ist, weil er den Kampf gegen Ulbricht nicht von hier aus weiterführte. ...«
Eine Gruppe anderer Intellektueller, im wesentlichen ehemalige Schüler von Kantorowicz, vertreten Auffassungen, die der vorgenannten sehr nahe kommen. Sie ziehen darüber hinaus dann die Schlußfolgerung, daß aber auch die Flucht von Kantorowicz einen wertvollen Fortschritt im Kampf gegen die Stalinisten darstelle. ...
Von einer Reihe von Intellektuellen u. a. Personen wird heftig gegen einige in der Presse erschienene Stellungnahmen zur Flucht Kantorowiczs polemisiert. ...
Die Polemik richtet sich vor allem gegen die politische Auslegung des Übertritts von K. als Klassenverräter und gegen die Feststellungen, daß die Flucht von Kantorowicz vom Westen im gewissen Sinne organisiert worden sei, wodurch K. die Rolle eines Agenten übernommen habe. ...

# Wissen und Gewissen

Kunst und Leben, Geist und Tat, Wissen und Gewissen sollten untrennbar sein. In der politischen Praxis jedoch verliert sich allzuoft diese Einheit. Wie ein solcher moralischer Abstieg und Verfall vor sich gehen kann, soll hier dokumentiert werden.

Wenige Tage nach meiner Verurteilung durch das Oberste Gericht der DDR übernahmen mein Vorgänger und mein Nachfolger im Aufbau-Verlag[1] den »Parteiauftrag«, mich in der Öffentlichkeit zu diffamieren. Mitarbeiter im Verlag, Mitglieder des Schriftstellerverbandes und des »Kulturbundes zur demokratischen Erneuerung Deutschlands« wollten die Anschuldigungen gegen mich nicht glauben. Sie kannten meine Vergangenheit und meine Arbeit als Verleger. Und sie wußten, daß ich keine Konterrevolution in der DDR organisiert oder unterstützt, schon gar nicht mit Agenten eines Geheimdienstes konspiriert hatte. Alle wußten, daß ich bemüht war, die unerträglichen Verhältnisse in der DDR zu ändern, sie menschlicher zu machen.

Warum sich gerade die eben Genannten zu einem solchen Treiben hergegeben haben, ist mir nie verständlich geworden. Es gab jedenfalls keine persönlichen Gründe, mich in Verruf zu bringen. Aber vielleicht bedurfte es dessen gar nicht. Parteikader tun immer, was die Partei verlangt. Und weil sie es mit einigem Erfolg taten, wurden sie gut belohnt. Der eine wurde Minister, der andere Staatssekretär. Daß sie die hohen Ämter durch »Verdienste« erwarben, soll nicht bezweifelt werden.

In meinen Erinnerungen »Spuren eines Lebens« berich-

1 gemeint sind Erich Wendt und Klaus Gysi.

tete ich über die Zusammenarbeit mit meinem Vorgänger. Er war älter, in der Verlagsarbeit durch langjährige Praxis in Moskau erfahren. Als Leiter des Aufbau-Verlages nicht ohne Erfolg. Die Unterschiede zwischen uns resultierten aus den Erfahrungen, die er in der Sowjetunion machen mußte. Und die waren naturgemäß völlig anderer Art als meine im westlichen Exil. Er hatte seit 1932 in Moskau gelebt. Drei Jahre davon in sibirischer Verbannung. Was er da ertragen mußte, darüber sprach er nicht. Er tat immer so, als hätte es das nie gegeben. Aber wie alle Emigranten, die aus der Sowjetunion zurückkamen, hatte er eine Mentalität angenommen, ohne die man offenbar dort nicht hätte überleben können. Man konnte sich auch nicht wieder davon befreien.

Erst 1993 fand ich Hinweise auf die Umstände, die zur Verhaftung Erich Wendts im Jahre 1937 führten. Sie erfolgte im Zusammenhang mit den tödlichen Prozessen gegen deutsche Spitzenfunktionäre, die im Moskauer Exil lebten: Neumann, Schubert, Remmele, Eberlein und andere, Schriftsteller, Schauspieler, Facharbeiter. Alle als »Abweichler«, »Trotzkisten«, »Spione« gebrandmarkt. Selbst die Kinder verschwanden nach der Verhaftung des Vaters oder der Mutter in der Verbannung oder in den Gefängnissen.

Der ungarische Schriftsteller Ervin Sinkó, der fast sein ganzes Leben im Exil verbringen mußte, davon mehr als zwei Jahre in der Sowjetunion, beschreibt in seinem Buch »Roman eines Romans« die Misere der Emigranten in Ost und West:

»Moskau, 20. September 1935 – Telefonisch mit Wendt verabredet. Ich soll Vorms gleich mitbringen, um die Angelegenheit der Herausgabe der ›Optimisten‹ in Paris zu besprechen. ... In einem Büro, das viel vornehmer als Borks, sozusagen luxuriös eingerichtet ist, empfing uns in der Gestalt eines gezwungen lächelnden Mannes eine Abstraktion ohne Farbe, Geruch und Geschmack: Wendt. Er empfing uns, bot Platz an, schwieg, hörte mich an und hörte Vorms an. So etwas wie dieser Wendt ist selbst in der Menagerie der Moskauer Verlagsdirektoren und Verlagsunterdirektoren, dieser literarischen Nilpferde, ein seltenes Exemplar. Als auch Vorms zu Ende war, sagte Wendt nach einer Pause: ›Die Veröffentlichung der ›Optimisten‹ in französischer und ungarischer Sprache in Paris sowie in deutscher Sprache in Moskau ist im Prinzip bereits eine beschlossene Sache. Das ist im Prinzip bereits erledigt.‹ Das sei aber auch alles, was er sagen könne. Für die Einzelheiten der ganzen Angelegenheit sei ausschließlich der Genosse Krebs zuständig. Wir müßten also den Genossen Krebs sprechen – müßten, aber könnten nicht, da er jetzt beschäftigt sei. Nach weiteren zehn Minuten Aufenthalt in diesem verwunschenen Arbeitszimmer zeigte sich der Genosse Wendt immer noch unzugänglich. Meine stürmisch vorgetragenen Argumente entkräftete er mit dem Hinweis, daß er lediglich der Stellvertreter, ein untergeordneter Funktionär sei; ich solle also den allein zuständigen Genossen Krebs sprechen, den ich aber jetzt nicht sprechen könne, da er gegenwärtig beschäftigt sei.«

Sinkós Buch entsprach nicht den Erwartungen der »literarischen Nilpferde« im Internationalen Verlag. Anstatt mit Ja oder Nein zu antworten, nutzte der »Stellvertreter« die Methode des endlosen Hinhaltens, welche er übrigens auch später im Aufbau-Verlag gelegentlich praktizierte, wenn es um nicht von oben abgesegnete Literatur ging. Ludwig Renns Druckfahnen zum Buch »Der spanische Krieg« blieben monatelang auf dem Schreibtisch liegen, weil Wendt die Verantwortung für die Herausgabe nicht übernehmen wollte. Franz Dahlem (damals noch Mitglied des Politbüros der SED) hatte eine vernichtende Kritik zum Manuskript abgegeben. Und das ließ meinen Vorgänger folgern: Für solche Bücher ist die Partei zuständig. Er sei lediglich »Verlagsleiter«. Als ich seinen Schreibtisch in der Französischen Straße 32 übernahm, machte er mich nicht einmal auf die

Fahnen des Renn-Buches aufmerksam. Vielleicht wären sie auch bei mir noch eine Weile liegengeblieben, wenn nicht Renn gekommen wäre und mich hätte wissen lassen, daß er gerade einen Selbstmordversuch überstanden habe und unbedingt Geld brauche, um leben zu können.

Sinkós »Optimisten« konnten weder in Moskau noch in Paris, sondern erst 1955 in Zagreb in serbischer Sprache erscheinen. 1962 folgte die Veröffentlichung von »Roman eines Romans« in der Bundesrepublik. Alfred Kantorowicz schrieb das Nachwort. Es endet mit dem Sinkó-Zitat: »Ich glaube an einen Morgen, an einen sozialistischen Morgen, wenn die Menschen unter so viel menschlicheren Voraussetzungen leben, daß sie gar nicht verstehen können, wie wir jemals diese heutige Atmosphäre der Renaissance finsteren Aberglaubens, der Dummheit, Selbstgefälligkeit, der Scheußlichkeit und der durchsichtigen Lüge als Grundprinzip staatlicher Propaganda überhaupt ertragen konnten. ...«

Als lebte er noch unter den Bedingungen der stalinschen Säuberungen, erläuterte Wendt 1957 den Mitgliedern des »Präsidialrates des Kulturbundes« und den Mitarbeitern des Aufbau-Verlages den Prozeß gegen Janka und andere. Er empfand es als besonderen Vertrauensbeweis, daß ihn das Politbüro der SED dafür ausgewählt hatte. Es war für ihn selbstverständlich, daß die, die sich nicht schuldig bekannten, schlimmere Feinde des Sozialismus sein mußten, als jene, die sich selbst beschuldigten und Reue zeigten. Und nicht nur mein Vorgänger, auch andere Kulturfunktionäre fanden es durchaus in Ordnung, daß die Partei bestimmte, was strafwürdig sei. Die Allmacht des Politbüros war unantastbar. Es hatte die Justiz durch die Bildung des Ministeriums für Staatssicherheit im Februar 1950 instrumentalisiert.

Über Anklage, Untersuchungshaft, Vernehmungsmethoden, Zeitpunkt und Ort der Gerichtsverhandlung und die Höhe der auszusprechenden Strafen entschied die Parteiführung. Richter und Staatsanwälte mußten nur inszenieren, was in den Drehbüchern der Partei vorher festgeschrieben war. Der in den Stasi-Akten aufgefundene Brief des Generalstaatsanwalts Melsheimer vom 16. 7. 1957 an das Zentralkomitee der SED bezeugt die Unterwerfung der Justiz.

Der Generalstaatsanwalt der 3800
Deutschen Demokratischen Republik
I – 7/57

An das
Zentralkomitee der
Sozialistischen Einheitspartei Deutschlands
Abteilung Staats- und Rechtsfragen
z.Hd. des Genossen Sorgenicht

Berlin N 54
Wilhelm-Pieck Strasse 1

Lieber Genosse Sorgenicht!

In der Anlage übersende ich Dir zwei Exemplare meiner Anklageschrift gegen die Gruppe Janka u. a. Sie hält sich eng an den Schlußbericht des Ministeriums für Staatssicherheit, der, wie mir der Genosse Mielke mitteilte, vom Politbüro gutgeheissen wurde.
Die Anklageschrift wurde am 15. Juli 1957 dem Obersten Gericht eingereicht. Der Hauptverhandlungstermin soll frühestens am 23. 7. 1957 stattfinden.
Ich beabsichtige, folgende Strafen zu beantragen:

| | |
|---|---|
| für Janka | 7 Jahre Zuchthaus, |
| für Just | 3 ½ Jahre Zuchthaus, |
| für Zöger | 2 ½ Jahre Zuchthaus, |
| Wolf | 4 Jahre Zuchthaus. |

Ich nehme an, dass, wie in früheren Fällen, auch dieses Mal eine Abschlussbesprechung mit dem Genossen Ziegler, dem Genossen Mielke und mir in Deiner Abteilung stattfinden wird.

Mit sozialistischem Gruss!
gez. Melsheimer

Eindeutiger konnte gegen die Verfassung der DDR vom 7. Oktober 1949, die 1957 noch galt, nicht verstoßen werden. In Artikel 3, Absatz 6, hieß es: »Die im öffentlichen Dienst Tätigen sind Diener der Gesamtheit und nicht einer Partei.« Artikel 127 hob hervor: »Die Richter sind in ihrer Rechtsprechung unabhängig und nur der Verfassung und dem Gesetz unterworfen.«

Welches Ausmaß die politische Strafverfolgung Anfang der 50er Jahre annahm, machen Dokumente deutlich, die über die Sitzungen der »Kommission des Zentralkomitees zur Überprüfung von Angelegenheiten von Parteimitgliedern« 1956 angefertigt wurden. In einer »Mitteilung des Presseamtes beim Ministerpräsidenten« vom 14. 5. 1956 werden ein paar Zahlen angegeben: »... als Ausdruck der Stärke ... und des Willens, der Wiedervereinigung Deutschlands zu dienen ... werden 691 Personen, die früher oder jetzt der SPD angehörten, bis zum 19. Juni 1956 aus den Haftanstalten entlassen. Sie waren wegen krimineller Verbrechen, die sie im Auftrage des mit den imperialistischen Spionagezentralen verbundenen Ostbüros der SPD gegen die Interessen der Werktätigen der DDR begangen hatten, zu Recht verurteilt. ... Bei 11896 Personen ... beschlossen der Präsident und die Regierung Freilassung durch Begnadigung oder durch bedingte Strafaussetzung. ... Bei weiteren 3169 Personen wurde die Strafverfolgung ausgesetzt. ... Auch die von sowjetischen Organen übergebenen Kriegsverurteilten ... insgesamt 3308 wurden freigelassen. ... In den Haftanstalten befinden sich nur noch 11 Kriegsverurteilte ... die schwerwiegende Verbrechen gegen die Menschlichkeit begangen haben.«

Zu den schlimmsten Exzessen vor 1956 zählen die Massenprozesse in Waldheim (April bis Juni 1950) mit über 3000, meist zu lebenslanger Haft verurteilten Angeklagten, 32 davon zum Tode mit sofortiger Vollstreckung. Die Prozesse dauerten zehn bis zwanzig Minuten. Voraus ging ein Schauprozeß im Dessauer Theater gegen namhafte Sozialdemokraten und CDU-Abgeordnete in Sachsen-Anhalt. Aus der Vielzahl von SED-Politbüro-Beschlüssen, die zur Verfolgung politischer Gegner gefaßt wurden, sei aus dem »Maßnahmeplan zur Durchführung des Dessauer Prozesses« vom 27. Februar 1950 zitiert: ». . . der Prozeß ist vor dem Obersten Gericht zu führen . . . die Rolle des Monopolkapitals, seine Zersetzungsarbeit mit Hilfe käuflicher Agenten und deren verbrecherischer Tätigkeit in der DDR muß deutlich zu Tage treten. . . . Die Anklageschrift ist vor Herausgabe dem Politbüro zur Begutachtung vorzulegen. . . .«

Noch direkter wurde gegen prominente SED-Funktionäre verfahren: Bänder, Fechner, Merker, Kreikemeyer, bis zu KPD-Funktionären, wie Kurt Müller und Fritz Sperling, die in der Bundesrepublik als Abgeordnete Immunität besaßen und verschleppt wurden. Diese mafia-ähnlichen Methoden setzten sich bis zum Untergang der DDR fort. Machtausübende Kulturfunktionäre, wie Abusch, Becher, Klaus Gysi, Hager, Kurella, Wandel, Wendt hielten diese Praktiken für rechtens. Wendt verstand die ihm übertragene Aufgabe wie eine Kritik und Selbstkritik im Rahmen einer SED-Parteiversammlung. Daß es um ein Justizverbrechen, um einen Verfassungsbruch ging, kam ihm überhaupt nicht in den Sinn. Alles, was er aus der Zusammenarbeit mit seinem Nachfolger wußte, schien plötzlich vergessen. Aus dem ehemaligen Genossen war für ihn ein durch und durch verwerflicher Feind geworden. Dabei bin ich überzeugt, daß er auf Grund seiner Erfahrungen in der Sowjetunion die auf Konstruktion und Denunziation beruhenden Beschuldigungen gegen mich nicht geglaubt hat. Trotzdem tat er, was verlangt wurde. Wer vor ein sozialistisches Gericht treten muß, so lautete eine unausgesprochene Regel, hat sich wie ein Genosse zu verhalten, das heißt, er hat sich schuldig zu bekennen. Die Partei läßt niemanden grundlos anklagen. Kommunisten dürfen sich vor unseren Gerichten nicht wie vor Gerichten des Klassenfeindes verteidigen, egal, ob sie sich für schuldig oder unschuldig halten. Vor unseren Gerichten gibt es nur Schuld, Reue, Bereitschaft zur Wiedergutmachung und Anerkennung der Strafe.

Solche »Einsicht« gab es für mich nicht. Als ich in der Französischen Straße abgeholt wurde, war es mit meinen Illusionen vorbei. Ich betrachtete die Mielke-Schergen als Feinde. Den Vernehmern im Stasi-Gefängnis in Hohenschönhausen trat ich mit Verachtung entgegen. Und den Minister für Kultur, Johannes R. Becher, der sich von zwei Stasi-Soldaten untersagen ließ, noch einmal mit mir zu sprechen, respektierte ich nicht mehr. Auch meine hohe Wertschätzung für manche Autoren schwand dahin. Nur wenige rafften sich auf, gegen die ungerechtfertigten Maßnahmen von Partei und Regierung zu protestieren. Alle hätten es gekonnt, denn 1956/57 war Widerspruch nicht mehr lebensgefährlich.

Es gab natürlich immer Menschen, die sich nicht ohnmächtig und widerspruchslos der Partei ergaben. Sonst wäre in unserem Falle die Einberufung einer Sondersitzung der SED-Parteigruppe im Präsidialrat des Kulturbundes und eine Vollversammlung im Juli 1957 nicht erforderlich gewesen. Der Präsidialrat zählte etwa hundert Intellektuelle aus der gesamten DDR. Beide Veranstaltungen wurden von meinem Vorgänger, inzwischen zum Generalsekretär des Kulturbundes avanciert, und meinem Nachfolger, inzwischen Mitglied des Präsidialrates und Leiter des Aufbau-Verlages, zur Generalabrechnung genutzt. Ich zitiere aus den stenografischen Protokollen[1]:

9. September 1957, 10 Uhr. Erich Wendt: ». . . Ich habe gehört, daß bei einigen Genossen Schriftstellern die Auffassung besteht, daß dieser Prozeß ein Verstoß gegen unsere Gesetzlichkeit sei, daß die Strafen zu hart seien, daß die Berichterstattung völlig ungenügend sei usw. Es ist anzu-

1 Diese und die folgenden Auszüge aus den Kulturbundprotokollen; zitiert nach M. Heider und K. Thöns (Hrsg.), SED und Intellektuelle in der DDR der fünfziger Jahre, Edition Deutschland-Archiv, Köln, 1990.

nehmen, daß es solche Auffassungen auch im Kulturbund gibt; denn so etwas beschränkt sich ja gewöhnlich nicht auf einige Genossen Schriftsteller. ... Ich habe an dem Prozeß als Zuhörer teilgenommen. Was die Berichterstattung betrifft – um diesen Punkt vorwegzunehmen –, bin ich persönlich der Meinung, daß Forderungen wie, die Reden der Verteidiger und der Angeklagten müßten in unserer Tagespresse voll abgedruckt werden, unsinnig und merkwürdig sind; denn die Person Jankas spielt in der DDR keine so große Rolle, daß wir drei Tage lang drei oder vier Seiten im ›Neuen Deutschland‹ mit Prozeßberichten zu füllen hätten. Das scheint mir völlig falsch. Ich habe den Prozeß miterlebt und möchte sagen, daß die Prozeßführung von größter Objektivität war. ... insbesondere der Angeklagte Janka, gaben zu jeder Zeugenvernehmung ausführliche Erklärungen ab, die manchmal weit über das übliche Maß hinausgingen. ... Es muß weiter gesagt werden, daß bei diesen Zeugenvernehmungen und bei diesen Kreuzverhören der Zeugen sich die Aussagen eines der Hauptzeugen im Prozeß, des schon verurteilten Harich, Stück für Stück in allen wesentlichen Punkten bestätigt haben und daß das Verhör von Harich sich von mittags bis abends 10 Uhr hinzog. ...«

Bevor ich weiter zitiere, muß ich bemerken, daß bereits in dieser Einführung mehrere Unwahrheiten enthalten sind: So wurde an keinem Tag bis 10 Uhr nachts verhandelt. Keiner der Angeklagten kam vor dem Plädoyer des Generalstaatsanwalts zu Wort, er durfte nur auf die Fragen des Vorsitzenden antworten. Auch die Aussagefreudigkeit des Belastungszeugen zog sich nicht länger als acht Stunden hin. Die Presse durfte nicht berichten, daß der Anwalt Friedrich Wolff auf Freispruch plädiert hatte. Sie durfte auch die Antworten der Beschuldigten nicht öffentlich machen, weil sie falsche Behauptungen der Zeugen, des Generalstaatsanwalts und der Richter zurückgewiesen hatten. Angeklagte konnten vor dem Obersten Gericht nur dann zu Wort kommen, wenn sie vom Vorsitzenden die Erlaubnis dazu bekamen.

An die Zeugen durften Angeklagte weder Fragen noch Zurückweisungen richten. Es lag immer im Ermessen des Vorsitzenden, ob er Fragen zuließ oder abwies. Das ging so vor sich: »Herr Vorsitzender, ich bitte Sie, an den Zeugen die folgende Frage zu stellen.« Und nur, wenn der Vorsitzende die Angeklagten selbst befragte, konnten sie mit Ja oder Nein, gegebenenfalls mit einer kurzen Gegendarstellung antworten.

Noch eine Stelle aus den Ausführungen von Wendt soll zitiert werden. Sie betrifft die Mitarbeiter des Aufbau-Verlages: ». . . Im Aufbau-Verlag haben sich Verhältnisse herausgebildet, die den Verlag – auch nachdem diese Mitarbeiter des Verlages verhaftet und abgeurteilt sind – untauglich machen, in seiner jetzigen personellen Zusammensetzung die Linie des Kulturbundes wirklich durchzuführen. Der ganze Verlag, möchte ich sagen, ist angesteckt von dieser Gruppe, wobei ich unter ›ganzer Verlag‹ verstehe die früheren und noch zum Teil jetzigen Redaktionsmitglieder des ›Sonntag‹ und das Lektorat im Buchverlag. Es ist klar, daß ich jetzt nicht von den Reinemachefrauen spreche. Die Führung der Partei ist dort auch jetzt nicht gesichert. Das bedeutet nicht ein Mißtrauensvotum gegen den Genossen Gysi, der jetzt den Verlag leitet, sondern die Führung der Partei wird ja verwirklicht durch die Parteigruppe im Verlag, und die ist dort nicht gesichert. Als der Genosse Gysi damals den ›Sonntag‹ in kommissarischer Leitung übernahm und ich zwei Monate den Aufbau-Verlag betreute, glaubten wir noch, daß die Genossen in der Parteigruppe sich verrannt hätten und daß sie nach einiger Zeit zur Besinnung kommen würden. . . . Mir scheint, daß zur Sicherung der politischen Linie sofort einige personelle Veränderungen und Neubesetzungen vorgenommen werden müssen, und die Parteigruppe sollte auch dem Genossen Gysi einen entsprechenden Auftrag geben. Man darf nicht länger zögern, und wir bitten das Zentralkomitee, uns in dieser Beziehung zu helfen, weil es wahrscheinlich nicht so einfach sein wird, geeignete Kräfte zu finden. . . .«

Damit hatte Wendt recht. Qualifizierte Mitarbeiter, die sich willenlos primitiven Richtlinien der Partei unterwerfen, waren nicht leicht zu finden.

Nach Wendt sprachen verschiedene Ratsmitglieder und dankten für die klärenden Worte. Dann schlug Kurt Hager mit der gewohnten Härte zu. Ich möchte aus seiner Rede nicht zitieren, sondern nur anmerken, daß er von den internen Machtkämpfen im Politbüro, von denen damals kaum jemand etwas wußte, abzulenken versuchte, indem er den Aufbau-Verlag anklagte. Ein Jahr später mußten Schirdewan und Wollweber gehen. Ziller hatte sich aus Furcht schon erschossen.

Ein Meisterstück dreister Verlogenheit lieferte das Ratsmitglied Dr. Löwenthal: »Ich will nicht der Versuchung unterliegen, allzuviel zum Prozeß Janka zu sagen – eine Versuchung, der ich sehr leicht unterliegen kann, weil ich einer der Richter gewesen bin. Ich möchte nur einiges unterstreichen, was der Genosse Wendt herausgestellt hat, nämlich einmal die Frage der personellen Zusammensetzung des Aufbau-Verlages, wie er in dem Prozeß zur Geltung kam. Von den Zeugen, die dort vernommen worden sind – Mitglieder unserer Partei –, kann man durchaus das Gefühl haben, daß sie nicht die Absicht hatten, dem Gericht zu helfen. ... Man merkte es – sie standen wie gebannt und hypnotisiert unter dem Einfluß Jankas. ... Beispielsweise sah die Diskussion im (Schlacht-) Viehhof über die Strafhöhe im Janka-Prozeß ganz anders aus als etwa die Aussprache, die hier im Berliner Klub der Intelligenz stattfand. ...«

Der Genosse Professor Alfred Meusel hält es für »sehr wichtig«, daß »die Redaktionen verstärkt«[1] werden, und er fügt hinzu: »Wir haben zu unserer Freude gehört – ich wenigstens zu meiner Freude –, daß unser Genosse Gysi als Kommissar seines Amtes waltet und gelegentlich die Schere anwendet. ...«

1 Gemeint sind die Redaktionen »Sonntag« und »Aufbau«.

Nach diesem Lob war Gysi an der Reihe: »... Die Meinung, die der Genosse Wendt mitgeteilt hat zum Aufbau-Verlag, ist auch die meinige, das ist unsere Meinung ..., die Führung der Partei, d. h. die Führung durch die Parteiorganisation im Verlag, ist nicht genügend fest. ...«

Wie er das bewirken will, bringt Gysi in einem Referat auf der Tagung des Präsidialrates des Kulturbundes am 13. September 1957 im Gästehaus der Regierung zum Ausdruck. Ich muß diese Rede ausführlicher zitieren, weil er sowohl als Beauftragter der Parteigruppe im Präsidialrat wie auch als informeller Mitarbeiter (IM) der Staatssicherheit den Versammelten das Fürchten beizubringen suchte:

»Liebe Freunde! Ich glaube, es liegt auf der Hand, weshalb es so wesentlich ist, noch einen Bericht über den Prozeß gegen Janka, Zöger, Just hier zu geben. Einmal sind wir ja klüger geworden, sehen viele Dinge besser, schärfer, klarer als vor einem Jahr durch die allgemeinen Entwicklungen, Ereignisse und Lehren, die wir in der Zwischenzeit ziehen konnten. Und zweitens hat sich die Bildung einer staatsfeindlichen Gruppe von Verbrechern gewissermaßen im eigenen Hause abgespielt. ... Ich möchte vorausschikken, daß dieser Prozeß ein echter demokratischer Prozeß unserer demokratischen Justiz war. Wer ihm beigewohnt hat, der wird die sachliche, ruhige, objektive Atmosphäre, in der sich mehr als drei Tage lang dieser Prozeß abrollte, nicht so leicht vergessen. Wenn jemand laut oder scharf wurde, dann war es in diesem Prozeß Janka oder die Angeklagten, nie der Vorsitzende des Gerichts. ... Die Ziele und Pläne der Harich-Gruppe waren im wesentlichen auch die der Gruppe Janka-Zöger-Just. ... Es war den Angeklagten völlig klar, daß diese Pläne illegal waren. Ihr Verhalten bei der Vorbereitung und ihre Aussagen selbst zeigten, daß sie sich der Strafwürdigkeit der Absichten voll bewußt waren. Die pointierte Stellungnahme gegen bestimmte Mitglieder der Regierung, gegen bestimmte führende Mitglieder der SED kam einfach daher, daß man in ihnen die Menschen sah, die eine solche in Richtung zurück auf den Kapitalismus in keinem Fall dulden würden; deshalb die Angriffe und die Absichten, Ulbricht, Ministerpräsident Grotewohl u. a. zu entfernen, deshalb die Personen-Diskussionen. ... Die verbrecherische Leichtfertigkeit, mit der man über alle Fragen der Arbeiterbewegung, der Staatsführung, der Parteiführung, der Wirtschaftsführung, der Gestaltung der Weiterentwicklung bei uns redete, schwafelte, grundsätzliche Änderungen ins Auge faßte, ohne einen Moment die ganze Gefährlichkeit des westdeutschen Imperialismus z. B. in Rechnung zu stellen, war genauso deutlich auf der einen Seite, wie immer klarer zu Tage trat, daß die Basis dieser ganzen Absichten eben eine durchaus feindliche Grundhaltung gegen unseren Staat und unsere Regierung war. ... Diese Pläne sahen im wesentlichen vor, die Annahme einer entsprechenden Resolution im Aufbau-Verlag, von dem Janka glaubte, daß sein Einfluß stark genug sein würde, sie durchzusetzen, eine Vervielfältigung dieses ganzen Programms und Versand dieses Programms an alle Instanzen der Partei, an viele Intellektuelle und an andere Menschen, um auf diese Weise eine breite öffentliche Diskussion mit von vornherein falscher Zielsetzung zu erzwingen. ... Gleichzeitig mit diesen Plänen machte man den Versuch, Merker zu gewinnen, wobei man gleichzeitig versuchte, die Haltung einer Reihe anderer führender Politiker der DDR näher zu eruieren, und zwar, um ihn im Zuge der Rehabilitierung in das Politbüro seiner Partei wieder hineinzubekommen. Ich erwähne das deshalb, um hier folgendes zu sagen: Die Vernehmung der Zeugen zeigte ganz deutlich – und in diesem Falle Jankas –, daß es sich nicht etwa bei ihm darum handelte, gewissermaßen einen Freundschaftsdienst an einem alten Freund, nämlich Merker, zu tun und ihn zu rehabilitieren, sondern um ganz etwas anderes. ...

Wie für uns alle war natürlich der Prozeß auch für mich eine große Überraschung, und zwar vor allen Dingen in der Hinsicht, mit welcher Zielklarheit die Angeklagten eben diese ganzen Dinge im ›Sonntag‹ gebracht hatten. Sehr viel länger zurück, da, wo wir geneigt waren, an Schwankungen und Irrungen zu glauben, liegt die Tatsache, daß sich die Argumentation meist in einem marxistischen Rahmen, also in einer marxistischen Terminologie bewegte. Daß man keinen direkten Aufruf – sagen wir – zum Sturz der Regierung zu veröffentlichen gewagt hätte, das ist klar, da jeder weiß: Wenn man das macht, wird es verboten, ist es aus. ... Es wurde jeder Versuch gemacht, schon zu der Zeit, als mich der Präsident des Kulturbundes damit beauftragt hatte, mich nebenbei um den ›Sonntag‹ zu kümmern und die Dinge mit ihm zu beraten, sozusagen die provokatorischsten Dinge hineinzubringen. Ich habe schon, nachdem ich dort 14 Tage lang war und die verschiedensten Gespräche geführt hatte, z. B. eine Nummer auf den Tisch bekommen, die aus zwei solchen Fehlerbeiträgen bestand, aus Polen, einem aus einem sowjetischen Buch, das bei uns erschienen ist, das in Ordnung ist, aber aus dem eben eine bestimmte Stelle herausgesucht wurde, neben diese anderen Dinge gestellt wurde, plus zwei ungarischen Beiträgen, plus einem bei uns geschriebenen Gedicht, das gerichtet war an einen ›Terrorretiker‹ und dessen Gesamttendenz ein klarer Frontalangriff, aber schon im Sinne einer regelrechten Pogromhetze, was schon aus dem Titel ›An einen Terrorretiker‹ hervorgeht, gegen die Funktionäre der Arbeiterbewegung in der DDR gerichtet war. ...

Mit Janka war es so, daß der Staatsanwalt mit Recht sagte: ›Vor diesem Gericht hat noch nie ein Mensch so gelogen wie Sie! ...‹ Ich habe auch das jetzt wieder erzählt, um zu zeigen, wie das Gericht in jedem einzelnen Falle die Wahrheit an den Tag bringt und auch nur dann unterstellte, wenn es ganz einwandfrei bewiesen war, d. h. also, es ergab sich als Ganzes, daß die Angeklagten illegale Ziele, die ihnen als solche durchaus bewußt waren, mit illegalen Mitteln ... und zwar einfach gesagt: den Sturz der Regierung der DDR verwirklichen wollten, und zwar in einem Augenblick, in dem wir uns einem Generalangriff des Imperialismus überhaupt und des westdeutschen im besonderen gegenübersahen ..., daß die Verwirklichung dieser Absichten der Beginn des dritten Weltkrieges gewesen wäre, d. h. eines atomaren Weltkrieges, dessen Konsequenz der Tod von Millionen in Europa, auf alle Fälle der Tod Millionen Deutscher hätte sein können. ... Gegenüber dieser Möglichkeit und diesem Spiel mit dem Tod von Millionen, kann man davon sprechen, daß die Höhe der Strafe nicht gerecht gewesen wäre? Im Gegenteil, daran gemessen kann man diskutieren, ob diese Strafe zu milde ist. Es kann aber keine Diskussion darüber geben, ob die Strafen in irgendeiner Weise zu hoch seien. ...

Schwerpunkte unserer Aufmerksamkeit müssen natürlich sein die Arbeit der Redaktion ›Sonntag‹ und das Lektorat. Eben das sind die ideologischen Zentren, und hier sind auch die entscheidenden Diskussionen zu führen. ... Es gibt Genossen auch bei uns, die es nicht einfach hatten und die treu ergebene Genossen geblieben sind – so wie es für einen Genossen selbstverständlich ist – und auf die die Partei in jedem Augenblick zählen kann. Bei Janka gibt es diese Erfahrung nicht, sondern bei ihm gibt es ein sehr angenehmes Leben. ...«

Wie parteihörig oder zynisch mußte man schon sein, um noch 1957, nachdem ich ein Jahr in verschärfter Einzelhaft verbracht hatte, öffentlich zu sagen: »Bei Janka gibt es ein sehr angenehmes Leben.« Gysi, Becher, Wendt, Abusch, Hager wußten, wie »angenehm« das Leben in den Kellern von Hohenschönhausen ist. Und sie wußten auch, daß zu dieser Zeit meine Frau, schwer leidend, im Krankenhaus Mahlow verbrachte, mein neunjähriger Sohn André aus der Schule verwiesen und in eines der schlechtesten Kinderheime gebracht wurde; meine siebenjährige Tochter Yvonne dem Kinderheim nur entging, weil sie von der mit uns befreundeten Familie Inge und Werner Gentz aufgenommen wurde. Vorübergehend nahmen sich unseres

Sohnes auch die Familien Gisela und Alexander Lösche und Edith und Max Schröder an.

Ich möchte es bei diesen Feststellungen belassen und darauf verzichten, die von Gysi und Wendt verbreiteten Unwahrheiten im einzelnen zu widerlegen. Eine kleine Anmerkung aber ist nötig: Alle Teilnehmer an dieser Tagung des Präsidialrates, von Hager, Abusch, Wandel, Prof. Havemann, Prof. Rienäcker, Prof. Frank, Bernt von Kügelgen, Domprediger Kleinschmidt, Prof. Kuczynski, Prof. Ernst Bloch, Prof. Brugsch, Prof. Dähn, Prof. Deiters usw. haben die Erklärungen von Gysi und Wendt ohne Widerspruch angehört. Einige haben deren Ausführungen noch wortgewaltig unterstützt.

Nach der Wende, drei Jahre später, veröffentlichte die Tageszeitung »Der Morgen« ein seitenlanges Gespräch mit Gysi. Es heißt da u. a.: »... 1957 übernahm er nach der Verhaftung Walter Jankas die Leitung des Aufbau-Verlages, wurde nach dem berühmt berüchtigten 11. ZK-Plenum im Januar 1966 über Nacht Kulturminister, ging 1973 als erster DDR-Botschafter nach Rom und war von 1978 bis 1988 Staatssekretär für Kirchenfragen ... der eiserne Besen ... der seiner dogmatischen Partei ergeben diente ... mit diplomatischem Geschick das oftmals von seinen poltrigen Genossen zerschlagene ideelle Porzellan kittete. ...«

Gewiß, wer Parteigeschichte nicht kennt, kann die Aktivitäten des erfolgreichen Polit-Karrieristen Klaus Gysi als diplomatischen Kitt qualifizieren, weil es der wendegeschickte Diplomat, auf Vergessen und Nichtwissen spekulierend, damals selber ein Herrschender, so darstellt. Und so beendet er das Interview mit »diplomatischem Geschick«: »... ich habe immer geglaubt, die Herrschenden würden lernen, doch solange sie herrschen, lernen sie nicht ... ich schäme mich heute für den Mist, den wir fabriziert haben. ...«

Es gehört zum Dilemma der Linken, einen universellen Menschheitsanspruch gegenüber dem Stalinismus aufgegeben zu haben. So berichtet Ervin Sinkó über ein Gespräch mit Anna Seghers in Paris, um ihre Meinung zu den Moskauer Prozessen in den 30er Jahren zu erfahren: ». . . Auch das Verhältnis der weniger exponierten oder namenlosen, einfachen, treuen Parteimitglieder zur Sowjetunion war mit Bitternis gemischt. . . . Dagegen war Anna Seghers, die deutsche Exil-Schriftstellerin, eine robustere Natur; sie gestand mir überlegen-merkwürdig lächelnd mit einer Vertraulichkeit, die nur unter alten Freunden möglich ist: ›Meine Methode: Ich verbiete mir mit Erfolg, über derartiges nachzudenken.‹ Und schon gab sie der Unterhaltung eine andere Richtung. . . .«[1]

Schweigen oder Nicht-Schweigen war auch im real existierenden Sozialismus nicht problemlos. Besonders für einfache Menschen. Nur waren Anna Seghers, Becher und andere Autoren keine einfachen Menschen. Sie hätten es sich leisten können, dem gerecht zu werden, was Anna Seghers als »durch Natur und Gesellschaft ausdrücklich bestimmt, nicht zu schweigen« denn: ». . . wer könnte toter sein als ein stummer Schriftsteller« als Bestimmung des Schriftstellers bezeichnet.

Das Dilemma der Intellektuellen unter der SED-Herrschaft wird u. a. am Fall von Ernst Bloch deutlich: ». . . Von dem Trauma verfolgt, für einen ›Verräter‹ gehalten zu werden . . . blieb (er), solange es irgend ging, in der DDR, weil er das sozialistische Lager nicht durch Systemopposition schwächen und keinen Beifall von der falschen Seite einfangen wollte. . . .«[2]

Blochs Sohn, Jan Robert Bloch, geht, wahrscheinlich infolge persönlicher Differenzen, nicht so behutsam mit seinem Vater um: In seinen Schriften habe er den »aufrechten Gang« gepredigt, vor dem SED-Regime sei er selbst gekrochen. . . .

1 Ervin Sinkó, Roman eines Romans / Moskauer Tagebuch, 1935–1937, Berlin 1990, S. 437.

2 Vgl. M. Rohrwasser, Der Stalinismus und die Renegaten, Stuttgart 1991, sowie M. Schwering im »Kölner Stadt-Anzeiger« vom 19. 3. 92.

Würde der Sohn tiefer ausloten, müßte er wenigstens die Gründe erwähnen, die den Vater, sicher mit Zustimmung der Mutter, im Januar 1957 veranlaßten, eine »Ergebenheitsadresse« an Pieck zu richten, aus dessen Händen er ein Jahr zuvor den Nationalpreis entgegengenommen hatte. Es spricht alles dafür, daß Ernst Bloch wirklich Angst hatte. Und die war begründet. Die Hagers hatten nämlich den Haftbefehl schon formuliert. Wäre er vollzogen worden, hätte der über 70jährige die Keller von Mielke nicht überlebt. Sie waren für meinen Jahrgang schon eine schwere Last. Mögen alle, die Bloch jetzt negativ beurteilen, erst einmal darüber nachdenken, wie sie sich verhalten hätten, wären sie vor die Wahl gestellt worden: Stasihaft in Hohenschönhausen – oder galileiisch zu leben.

Die intellektuellen Berater von Ulbricht hatten längst einen infamen Verleumdungsfeldzug gegen Bloch in Gang gebracht. Der stützte sich zusätzlich auf die mündlichen und schriftlichen Aussagen seines in Hohenschönhausen einsitzenden Lektors Wolfgang Harich, u. a. die, daß drei der bedeutendsten und angesehensten Autoren des Verlages, Bertolt Brecht, Ernst Bloch und Georg Lukács, einen unheilvollen Einfluß auf ihn und die leitenden Mitarbeiter ausgeübt hätten: »... Ernst Bloch hat von der 3. Parteikonferenz der SED an, also seit März 1956, auf mich ununterbrochen in einem Sinne eingewirkt, daß ich heute sagen muß: Ich bin von ihm systematisch gegen die Führung der Partei, insbesondere gegen Walter Ulbricht, aufgehetzt worden.«

Die Generalabrechnung mit Bloch begann am 19. Dezember 1956, drei Wochen nach der Verhaftung von Wolfgang Harich. Auf Weisung des Politbüros der SED folgte am 18. Januar 1957 ein beschämender »Offener Brief« der SED-Parteileitung der Karl-Marx-Universität. Damit war das endgültige Aus für Bloch an der Universität eingeläutet. Der mehrere Druckseiten lange Brief des Instituts für Philosophie der Karl-Marx-Universität endet nach verleumderischen Auslassungen gegen Bloch[1]: »... Die Rolle der ungarischen Intelligenz beim Zustandekommen des konterrevolutionären Anschlags auf den Sozialismus haben Sie nicht anders gesehen, als unsere Feinde sie uns sehen machen wollten, ohne daß unsere Gegenvorstellungen irgendeinen Einfluß auf Sie hätten machen können. Wie wir erfahren, haben Sie im Zusammenhang mit den Ereignissen um Herrn Professor Dr. Georg Lukács, den Minister für Kultur, Genossen Dr.h.c. Johannes R. Becher, in gröblicher Weise beleidigt. Als wir im Wissenschaftlichen Rat über den Fall des Herrn Harich sprachen, haben wir eine Übereinstimmung darüber erzielen können, daß die Hauptverhandlung abzuwarten sei, ehe wir zu einer abschließenden Meinung kommen können. Sie sagten damals, ein Angeklagter sei bis zum Urteilsspruch ein Gentleman und kein Verbrecher. Aber als Sie dies sagten, kannten Sie im Unterschied zu uns viele Gedankengänge des Herrn Harich, bei deren kritischer Sichtung Ihnen nicht verborgen bleiben konnte, daß in diesem Fall der Charakter eines Gentleman zumindest schwer beschädigt war. ... Aus all diesen Gründen müssen wir ... erklären, daß Sie das Vertrauen der Parteileitung für die Fortführung Ihrer Tätigkeit als akademischer Lehrer am Institut für Philosophie – einem Institut, das der Ausbildung marxistisch-leninistischer Kader dienen soll – nicht mehr besitzen. ... Hochachtungsvoll! Die Parteileitung der SED des Institutes für Philosophie.«

Bloch beantwortete den »Offenen Brief« am 22. Januar 1957 ebenfalls mit einem »Offenen Brief«. Nach meinem Empfinden, trotz aller Schärfe, zwar zu sehr aus der Position der Verteidigung dessen, was ohnehin nicht mehr zu

1 Bloch wird von der SED-Parteileitung der Universität als »Deserteur, Renegat, Verräter, Betrüger, gefährlicher Verbrecher« bezeichnet. »Er ist zu Globke gegangen, er ist Jaspers und Schlamm vor die Füße gefallen. Pack schlägt sich, Pack verträgt sich! –« Siehe Peter Zudeick, Der Hintern des Teufels, Ernst Bloch – Leben und Werk, Bühl-Moos, Baden-Baden 1987, S. 247.

retten war, aber er blieb den Dogmatikern des Marxismus-Leninismus nichts schuldig. Bloch stellt auch klar, daß ihm viele Gedankengänge des Herrn Harich zwar bekannt seien, die Ansicht aber, ihm konnte nicht verborgen bleiben, »daß in diesem Fall der Charakter eines Gentleman zumindest schwer beschädigt war«, diese Ansicht sei, »sehr höflich gesagt, ein Irrtum. Mit Harich hatte ich selbstverständlich zu tun in seiner Eigenschaft als Chefredakteur der ›Deutschen Zeitschrift für Philosophie‹, deren Mitherausgeber ich bin, und als Lektor beim Aufbau-Verlag ... doch ich hatte nicht nur wegen seines oft kessen Tons Differenzen mit ihm, sondern vor allem tiefgreifende sachliche, so tiefgehende, daß ich ihm in einem erhaltenen Brief die Betreuung meiner Bücher entziehen wollte. ... Ich erwähne all das ausschließlich um folgenden Zusammenhangs willen: Harichs ›besondere Gedankengänge‹, deren Kenntnis mir ermöglicht hätte, mehr über ihn als die übrigen im Wissenschaftlichen Rat zu wissen, konnte ich in der entscheidenden Zeit nicht kennen, weil ich während dieser Zeit (von Anfang Juli 1956 bis zum 14. November) nicht in Berlin war, dagegen sieben Wochen zusammen in Albanien, dann in Italien, Harich also nicht gesehen habe. Aber entscheidend in diesem Zusammenhang ist: Harich hat mir weder am 14. November 1956 noch irgendwann vorher auch nur das geringste über die politischen Probleme mitgeteilt, die er hegen mochte. ...« Bloch macht mit Entschiedenheit deutlich, daß alle Behauptungen, er habe seit der 3. Parteikonferenz der SED im März 1956 Harich »insbesondere gegen Walter Ulbricht aufgehetzt«, unwahr sind.

Was zu Bloch nachweisbar ist, gilt nicht minder für die Denunziationen gegen Georg Lukács und Bertolt Brecht.

Harich sagte aus: »... Brecht hat in den letzten Monaten seines Lebens, von der Stalinkritik des XX. Parteitages der KPdSU aufs tiefste ergriffen, in getrennten Gesprächen auf Janka und auf mich einen unheilvollen Einfluß ausgeübt. Er hat Janka, der ohnehin von einem Bürokratismus-Komplex besessen war, zu der Auffassung gebracht, das ganze bei uns herrschende System der Normierung und der Methoden des materiellen Anreizes beruhe darauf, daß ›ein Arbeiter gegen den anderen ausgespielt‹ werde, und er hat mir auseinandergesetzt, daß die Verbrechen Stalins nicht von Stalin allein, sondern von der Partei begangen worden seien, daß jetzt der ›Stalinismus‹ überwunden werden müsse und daß dabei die Hauptaufgabe die Zerschlagung des ›stalinistischen Apparates‹ sei. ... Lukács hat Janka, Max Schröder und mich, in einem Gespräch auch Just und Zöger mit dem Geist, der die Diskussionen im Petőfi-Klub beherrschte, infiziert und hat insbesondere auf mich einen negativen Einfluß ausgeübt. ... Von der ganzen Gruppe im Aufbau-Verlag war Janka am stärksten über die Enthüllungen des XX. Parteitages auf dem Gebiet des Rechtswesens und über die Rehabilitierung unschuldig verfolgter Kommunisten erregt. ... Dementsprechend forderte Janka bereits in einem sehr frühen Stadium der Entwicklung des Jahres 1956, daß Justizministerin Hilde Benjamin und Generalstaatsanwalt Dr. Melsheimer gestürzt werden müßten; den General Mielke müßte man sogar an die Wand stellen und erschießen. ... Janka war das politisch erfahrenste Mitglied der SED im Verlag. ... Wenn Janka mir rechtzeitig gegenübergetreten wäre und das große Ansehen, das er bei mir genoß, mir gegenüber rechtzeitig im Sinne einer positiven Parteierziehung geltend gemacht hätte, so hätte ich wahrscheinlich nicht die politischen Verbrechen begangen, derentwegen ich mit 10 Jahren Zuchthaus bestraft werden mußte. ...«

Anna Seghers und Johannes R. Becher mußten unter dem Ulbricht-Regime nicht um ihre Existenz und um ihr Leben bangen. Bloch ja. In Hans Mayers nostalgischem Buch »Der Turm von Babel – Erinnerungen an eine Deutsche Demokratische Republik« wird über Blochs Schicksal nach 1956 mitgeteilt: »... Der Generalstaatsanwalt hieß Melsheimer. Er nahm sich jenen Wyschinski aus Stalins Schauprozessen zum Vorbild. Die ersten Verhaftungen am

16. Oktober 1956[1] hatten eine infame Auswahl getroffen. Harich natürlich ... er war gut geeignet für den Prozeß: nicht besonders sympathisch, nicht besonders anerkannt. Dazu brauchte man nur noch einen Juden und einen Homosexuellen. Die fanden sich. Gern hätte der Melsheimer auch den Ernst Bloch abgeholt. Aber Ulbricht kehrte aus Moskau zurück, winkte ab. Da genügte die Zwangsemeritierung mit Hausverbot für die Universität. Das wurde durch Kurier mitgeteilt. Gezeichnet: Walter Ulbricht. Ich habe den Brief gesehen. Das Jahr 1956 lief ab. Becher war praktisch entmachtet, doch blieb er im Amt. ... Wer über Anna Seghers urteilen möchte, muß sie als Ganzheit nehmen, oder als Ganzheit verwerfen. ... ›Die Kraft der Schwachen‹, so hat es die kommunistische Schriftstellerin Anna Seghers genannt. Es ist vielleicht die Geheimformel für ihr großes literarisches Werk. ...«[2]

Mayer deutet das Gedicht »Turm von Babel« als »ein Gedicht gegen Stalin«. Wer vermag da noch Legendenbildung und Tatsachen, Täter und Opfer auseinanderzuhalten. Literatur und ihre Autoren müssen nicht als Ganzheit hingenommen oder als Ganzheit verworfen werden. Würde das zutreffen, wäre nicht zu verstehen, warum der Professor Hans Mayer noch sechs Jahre an der Leipziger Universität lehren durfte, nachdem Bloch schon ein striktes Verbot zum Betreten der Universität hatte. Gänzlich unverständlich sind mir Mayers Lobgesänge auf Personen, die zu den Hauptverantwortlichen für kulturpolitische Repressionen in der DDR zählen. Z. B. Kurella, den Mayer verklärt: »Allein Kurella gehörte nicht zum Phänotyp des Gehilfen und Vollstreckers in einem kulturellen Machtapparat. Er war kein frustrierter Nicht-Schriftsteller ... auch kein gesinnungsloser Karrierist ... sondern eine Figur, die in ganz anderer

1 Harich wurde am 29. November 1956 verhaftet.

2 Hans Mayer, Der Turm von Babel, Frankfurt/Main 1991, S. 142, ferner S. 202 und S. 29.

Weise, auch negativer, stellvertretend war für die deutsche Literatur in unserem 20. Jahrhundert. ...«

Und wie steht es mit der »Ganzheit« von Becher? Da gerät selbst Mayer in Schwierigkeiten. Lob, Kritik, Sentimentalität lösen einander ab: »Er ist traurig und schwer gestorben. Seit Budapest und dem Herbst des Jahres 1956 war er praktisch entmachtet. ... Bechers letztes Buch war eine Klitterung über den offiziell zugelassenen und verkündeten Lebenslauf Walter Ulbrichts. Als der Sterbende, der offensichtlich, wie viele bezeugen, den eigenen Zustand nicht begriffen hatte, dieses letzte Buch vor sich sah, begann er zu weinen. ...«

Waren es Tränen der Scham? Waren es Tränen der Freude? Mit diesem »letzten Buch« hatte er wieder gutmachen wollen, was ihm Ulbricht vorgeworfen hatte.

Der Schlußsatz des Buches, wahrscheinlich von Parteifunktionären zugearbeitet, von Becher übernommen, lautet: »Wir alle, die wir die Heimat lieben, und wir alle, die wir den Frieden lieben, lieben dich, Walter Ulbricht, den deutschen Arbeitersohn.«

Daß dieser Arbeitersohn 1930 in »einer großangelegten programmatischen Rede« die »Enteignung der jüdischen Ausbeuter« propagierte, als die Nazi-Propagandisten bereits die Vernichtung der Juden zu ihrer Ideologie erhoben hatten, ist Becher offenbar nicht mehr aufgefallen. Daß Ulbricht auch Johannes R. Becher zeitweise unter Druck gesetzt hat, ist leicht nachweisbar. In einem Brief Ulbrichts vom 31. Juli 1957 an den im Nachbarhaus wohnenden Becher heißt es: »Lieber Hans ... meines Erachtens ist es notwendig, Stellung zu nehmen zu den politischen Schwankungen einer Reihe Kulturschaffender vor und nach den Ereignissen in Ungarn. Diese Schwankungen stehen im Zusammenhang mit der Ausnutzung von Einrichtungen des Kulturbundes für staatsfeindliche Tätigkeit, wie es mit der konterrevolutionären Gruppe Harich, mit Janka, Just und anderen geschehen ist. Wenn ich Dir einen Rat geben darf, so ist es der, zu sagen, wie die Gegner der Arbeiter-und-Bauern-Macht Unklarheiten und Schwankungen bei manchen Kulturschaffenden über die Rolle der Partei, der Arbeiter-und-Bauern-Macht und die Fragen der Freiheit ausgenutzt haben. Die Rolle von Lukács als Mitglied der Regierung Nagy, hat auch in Berlin ihre schädlichen Auswirkungen gehabt. Dank der Wachsamkeit der Partei und der Arbeiter-und-Bauern-Macht haben wir in Berlin nur einen Teil der ersten Etappe der Politik des Petőfi-Kreises erlebt. Auch darüber wäre es an der Zeit, einiges zu sagen. Mit bestem Gruß – Walter Ulbricht.«

Mehr als Erich Wendt und Klaus Gysi, Anna Seghers oder Johannes R. Becher enttäuschte mich der Schriftsteller Willi Bredel, mit dem ich seit dem Spanischen Krieg und durch die Herausgabe seiner Bücher im Aufbau-Verlag befreundet war. Daß er in der Sowjetunion – in den Jahren der »Säuberungen« – schlimme Reden gehalten hat, war mir bislang nicht bekannt. Nie ließ er etwas darüber verlauten. Ich erfuhr erst 1991 davon, nachdem das Stenogramm einer in Moskau 1936 veranstalteten geschlossenen Parteiversammlung deutscher Schriftsteller erschienen war.

Bredel äußerte auf der 33. Tagung des ZK der SED im Oktober 1957: »Janka, der Leiter des Aufbau-Verlags war, in dem meine Bücher erscheinen, lernte ich in seiner Eigenschaft als Verlagsleiter kennen. Er war mir, was ich wahrhaftig von Harich nicht sagen konnte, sympathisch. Und ich habe mich auch, als er verhaftet wurde, für ihn eingesetzt. Nicht öffentlich natürlich, aber in Gesprächen mit dem Genossen Ulbricht. Ich kenne die traditionsreiche Arbeiterfamilie, aus der Janka kommt und weiß auch, daß er selber eine gute, revolutionäre Vergangenheit hat. ... Mir bewies der Prozeß, daß Janka, der alles und jedes abstritt, mit dem Verschwörer und Staatsfeind Harich aufs engste verbunden war und ihn noch im feindlichen Sinn beeinflußt hat. Ich habe mich also in Janka getäuscht, habe mich täuschen lassen. ...« Seien es nun Erpressung, Drohung, Abhängigkeit, Einschüchterung oder was auch immer, erlaubt sei die Frage: Mußten sich prominente Kulturschaffende der DDR nach den Enthüllungen des XX. Parteitages der KPdSU weiterhin bedingungslos unterwerfen? Wie Johannes R. Becher verfuhr und zurückwich, bezeugt ein zehnseitiger Antwortbrief vom 10. November 1957 an das Zentralkomitee der SED, der seine sogenannte »Selbstzensur«[1] noch übertraf.

Die im Oktober 1957 veranstaltete 33. ZK-Tagung der SED und die im selben Monat folgende Kulturkonferenz dokumentieren sowohl den unaufhaltsamen politischen Niedergang wie eine erschreckende kulturelle Niveaulosigkeit und Ignoranz. Am deutlichsten wurde Parteifunktionär Alfred Kurella: »... Bei dieser Betrachtung muß ein so ausgesprochen antikommunistisches Kriegsbuch wie Remarques ›Zeit zu leben, Zeit zu sterben‹, das die Gefühle des Lesers eindeutig gegen die ›allgemeinen und abscheulichen‹ Partisanen richtet, als positiv bewertet werden. ... Wie ist es möglich, daß man als Künstler unseres Lagers nicht physisch leidet und empört ist, wenn einem so etwas wie die Bilder von Miró oder Buffet als Malerei, Luigi Nonos ›García Lorca‹ als Musik, Joyces ›Ulysses‹, Samuel Becketts ›Fin de Partie‹ oder Tennessee Williams ›Baby Doll‹ als Dichtung vorgesetzt werden. ... Dann werden wir Trauer empfinden vor der gigantischen Ruine, die Picasso darstellt, diese wundervolle Begabung, die im Banne der dekadenten Kunstpraxis zermahlen, zerstückelt, zerkleinert wurde, und wo nur hin und wieder ein wunderbares Detail aufleuchtet. ...«

Klaus Gysi vertiefte den Abscheu Kurellas vor der dekadenten Kunst, zumal er wußte, daß ich mit dem Münchner Desch-Verlag Lizenzausgaben von Remarque ausgehandelt hatte. Auch die Picasso-Grafiken wollten wir im Aufbau-Verlag herausbringen. Nach Gysis Verständnis waren das

1 In: »Sinn und Form«, Berlin 1988 / 3. Heft, S. 543.

Beiträge zur Aufweichung der SED-Kulturpolitik. Unter dem Titel »Die Rückzugslinie des Revisionismus« kommentierte er auf der Kulturkonferenz der SED im Oktober 1957: »... Bevor sich im Aufbau-Verlag und in der Redaktion des ›Sonntag‹ ein konterrevolutionäres Zentrum entwickelte, bevor es dort eine staatsfeindliche Gruppe gab, gab es eine Parteifraktion. Bevor sich dort eine Parteifraktion bildete, gab es eine liberalisierte und zugleich passive Parteiorganisation, die sich in einer Atmosphäre der ideologischen Zersetzung befand, die in der Praxis die Parteinormen über Bord geworfen hatte. ... In diesem Zusammenhang möchte ich noch ein paar Worte über das Dekadente in unserem kulturellen Leben sagen. Es ist offensichtlich, wenn man die Publikationen unseres Verlages und unseres Verlagswesens überhaupt betrachtet, daß einiges aus dieser kulturpolitischen Verworrenheit, die geherrscht hat, nach der entsprechenden zeitbedingten Anlaufzeit jetzt in den Verlagserscheinungen sichtbar wird. Ich glaube, daß solche Erscheinungsformen einer apolitischen oder gegnerischen Haltung, wie sie z. B. im Ästhetizismus und Snobismus zum Ausdruck kommen, eng mit der Frage des Dekadenten zusammenhängen. Nach der Niederlage des offenen politischen Revisionismus scheint im Augenblick die Neigung zum Dekadenten in bestimmten Kreisen so etwas wie eine ideologische Rückzugslinie des Revisionismus zu sein. ... Ideologen der Bourgeoisie hegten die Hoffnung, daß der Aufbau des Sozialismus an der ›ewigen‹ Natur des Menschen scheitern werde, der seinem Wesen nach Individualist und ein Feind kollektiver Lebensformen sei. Genau diese Tendenz des Dekadenten ist gefährlich, weil sie eine gewisse Grundlage in persönlichen Vorbehalten, in klassenmäßigen Abneigungen, im allgemeinen Skeptizismus finden kann und vor allem, weil sie auf dem Unglauben an den Sozialismus, an seine Kraft und seinen Sieg beruht und diesen Unglauben aussät. ...«

Nicht erst nach der Wende 1989, bereits in den 50er Jahren, als sich die linientreuen Parteikader noch nicht für »den Mist schämten, den sie fabriziert« hatten, zeigten solche »Theorien«, daß viele Intellektuelle alles über Bord geworfen hatten, was ihrer Karriere im Wege stand.

# Dossier: Spitzel-Berichte

## Dokumente aus dem Ministerium für Staatssicherheit

Die folgenden IM-Berichte werden unkorrigiert wiedergegeben. Lediglich an einigen unverständlichen Stellen ist die Interpunktion verbessert worden. Wie viele Informelle Mitarbeiter im Aufbau-Verlag tätig waren, konnte nicht ermittelt werden. Man kann aber davon ausgehen, daß zu »Kurt« (alias Verlagsleiter Klaus Gysi), dessen Tätigkeit laut Verpflichtung 1956 begann und mit über 150 Treffs in »Konspirativen Wohnungen« (KW) bis 1964 nachweisbar ist, noch weitere gezählt werden müssen. Zum Beispiel »Kant« (alias V.), der Nachfolger Gysis als Verlagsleiter; »Albert Richter« (alias S.), der SED-Parteisekretär, Betriebsgewerkschaftsvorsitzende und Lektor; V., Redakteurin der Wochenzeitung »Sonntag«; G., Ausstattungsleiter im Verlag; und Peter Goldammer, Lektor, haben ohne Decknamen ihre Berichte an die Partei, bzw. an das Ministerium für Staatssicherheit (MfS) geliefert.

Von den gerichtlichen Vorgängen werden wegen ihres beträchtlichen Umfanges nur wenige Auszüge gebracht. Allein die Anklageschrift gegen Janka und andere umfaßt 60 Seiten; die Urteilsbegründung 37; der Bericht über den Prozeßablauf 50.

Die IM- und Stasiberichte zu meiner Tätigkeit im DEFA-Studio für Spielfilme (1962–1972) und danach bestätigen, daß ich seit meiner Rückkehr aus der Haft in Bautzen, also von 1961 bis zum Untergang der DDR 1989, unter ständiger »operativer Bearbeitung« stand. Zweimal bestand die Gefahr erneuter Verhaftung. Die Namen der IMs in der DEFA und die Stasi-Offiziere, die mich bis 1989 »operativ bearbeiten« ließen, sind mir bekannt.

Laut der von der Potsdamer MfS-Hauptverwaltung geführten Personensuchkartei (Nr. 254/69) zum operativen Vorgang »Falschspieler« (unter diesem Begriff wurde ich von der Stasi geführt), angelegt am 16. 4. 69, waren die Hauptamtlichen Mitarbeiter bzw. MfS-Offiziere: Kolbe, Heidorn, Klaus-Peter Gericke, Frank-Reinhard Dörr, Reinhard Kuske, Jürgen Genrich.

Einer der schlimmsten DEFA-Spitzel – er sei hier stellvertretend genannt – war »IMV Lorenz«, alias Wolfgang Ebeling, DEFA-Dramaturg. Seine Berichte sind groteske Erfindungen über meine Familie und die Vorgänge in meinem Haus in Kleinmachnow.

Am Schluß dieser Dokumentation werden zwei »Vermerke« gedruckt. Sie geben Auskunft über das Treiben von »Kurt« auf der Frankfurter Buchmesse bis zum Jahre 1964. Danach führte IM »Kant« die Aufklärung außerhalb der DDR weiter.[1]

1 Laut einer Studie der Gauck-Behörde vom Februar 1994 waren 1989 mindestens 173000 Inoffizielle Mitarbeiter (IM) tätig. Bislang war von knapp über 100000 ausgegangen worden. Unter Berücksichtigung der jährlichen Fluktuationsrate von ca. 10 Prozent dürften zwischen Januar 1985 und Oktober 1989 zeitweise etwa 260000 Personen als Stasi-Zuträger gearbeitet haben. – Der Herausg.

Ministerrat
der Deutschen Demokratischen Republik
Ministerium für Staatssicherheit
Juristische Hochschule Potsdam
Sektion Marxistisch-leninistische Grundlagenbildung
Lehrstuhl Geschichte der deutschen Arbeiterbewegung und des MfS

Potsdam, August 1980

Vertrauliche Verschlußsache
JHS Nr. 134/80

Ausf. 56 Blatt

Studienmaterial
zur Geschichte des Ministeriums für Staatssicherheit
Teil IV

Seite 41 – Dem MfS gelang es Ende Oktober/Anfang November 1956, eine von Geheimdiensten und Untergrundorganisationen von Westberlin aus organisierte konterrevolutionäre Provokation rechtzeitig zu unterbinden. Feststellungen, die das MfS mit Unterstützung der sowjetischen Genossen rechtzeitig treffen konnte ...

Die zum Teil hochtrabenden, aber in Anbetracht der komplizierten Klassenkampfsituation außerordentlich gefährlichen Pläne dieser Gruppen wurden durch eine aufopfernde, systematische und verantwortungsbewußte Arbeit der Mitarbeiter des MfS rechtzeitig erkannt. Dem MfS gelang es, mit Hilfe seiner Inoffiziellen Mitarbeiter in die Konspiration dieser Gruppen einzudringen und sie unschädlich zu machen ...

Seite 44 – In Berlin hatte der Mitarbeiter im Aufbau Verlag, Harich, eine solche staatsfeindliche und konterrevolutionäre Gruppe gebildet. Diese Gruppe hatte sich mit dem Ostbüro der SPD verbunden und gemeinsam mit dieser Zentrale auf die Beseitigung der verfassungsmäßigen Staats- und Gesellschaftsordnung der DDR hingearbeitet ...

Seite 46 – Dem MfS war es gelungen, auch in die Konspiration dieser Gruppe einzudringen und ihre Mitglieder festzunehmen, noch bevor sie mit ihren antisozialistischen Programmen an die Öffentlichkeit traten und Verwirrung hervorrufen konnte ...

Seite 51 – Genosse Mielke hat wesentlichen Anteil daran, daß sich das MfS zu einem vom Volk geehrten, zuverlässigen Organ der Diktatur des Proletariats und zu einem vom Feind gefürchteten Schwert der Revolution entwickelte. ...

Institut für Geschichte der Arbeiterbewegung
J/IV/2120217

(Seite 10)

Material Ulbrichts für die Mitglieder des Politbüros

... Das wird auch bewiesen durch die Aussagen des Parteisekretärs im Aufbau-Verlag[1] und insbesondere durch die zeugenschaftliche Vernehmung des parteilosen Bürgers der DDR Goldammer. Dieser parteilose Bürger machte Janka und andere auf die parteifeindliche Tätigkeit von Harich aufmerksam, jedoch wurde weder die Parteiführung, noch die Regierung davon in Kenntnis gesetzt.
Ergebnisse der Untersuchung bestätigen den konterrevolutionären Charakter dieser Gruppe. Ihre Tätigkeit ist Staatsverrat und Verstoß gegen die Verfassung der DDR.

26. Januar 1957

1 (GI »Albert Richter«)

Oberste Staatsanwaltschaft der Deutschen Demokratischen Republik
Abteilung I

Berlin, den 5. 12. 1956
Scharnhorststr. 37
Tel.: 2206 3714

An den
Haftrichter des
Stadtbezirksgerichts
Genossen Krautter

Berlin

Ich beantrage, gegen den

Janka, Walter,
geboren am 29. 4. 1914 in Chemnitz,
wohnhaft: Kleinmachnow, Heidereiter Weg 32

Haftbefehl zu erlassen.

Janka ist dringend verdächtig, Teilnehmer einer Gruppe von Personen zu sein, deren Massnahmen gegen die Politik der Regierung der Deutschen Demokratischen Republik und auf die Restaurierung des Kapitalismus gerichtet sind. Janka hat den Mitbeschuldigten Wolfgang Harich wiederholt aufgefordert, ein Programm schriftlich zu entwerfen. Dieses Programm forderte die Beseitigung des Regierungsapparats der Deutschen Demokratischen Republik und der führenden Funktionäre der Sozialistischen Einheitspartei Deutschlands, als auch die Auflösung der Landwirtschaftlichen Produktionsgenossenschaften. Das Programm enthielt weiterhin Punkte über die Auflösung der Nationalen Volksarmee und des Ministeriums für Staatssicherheit. Zur Festlegung und Durchführung von Massnahmen zur Realisierung des Programms organisierte Janka eine Besprechung mit Personen, die er zur Durchsetzung der gestellten Forderungen heranziehen wollte.
Wegen der Höhe der zu erwartenden Strafe besteht Flucht-

verdacht, ausserdem Verdunkelungsgefahr, da er evtl. weitere Mittäter warnen bzw. in ihren Aussagen beeinflussen könnte. Verbrechen nach Artikel 6 der Verfassung der Deutschen Demokratischen Republik.

Im Auftrage:
gez. Jahnke
Staatsanwalt

24

Regierung der
Deutschen Demokratischen Republik
Ministerium des Innern
Staatssekretariat für Staatssicherheit

Verwaltung/Bez.-Verwaltung ..................

Berlin, den 7.12. 1956

## Durchsuchungs - Beschlagnahme - Protokoll

Auf Anordnung des Staatsanwalts

wurde, weil Gefahr im Verzuge war, heute um 8.45 Uhr eine Durchsuchung in der ~~Wohnung~~ - den Geschäftsräumen - und sonstigen Räumen - der Person -

des JANKA, Walter geb.: 29.4.1914 in Chemnitz

Name und Vorname

Berlin W 8, Französische Str. 32 (Aufbau Verlag)

Ort, Straße und Nummer

von den Unterzeichneten vorgenommen.

Der Durchsuchung wohnten bei (Beschuldigter oder sein Vertreter und 2 Zeugen):

Karl [redacted], Berlin-Treptow, Neue Krugallee 7o Ausstattungsltr.
geb: [redacted]
Günter [redacted], Berlin N 4, Tucholskistr. 34 (Gartenhaus hochpt
geb.: [redacted]
wissenschaftl. Mitarbeiter

Name, Vorname, Geburtstag, Beruf, Anschrift

Es wurden die umseitig aufgeführten Gegenstände aufgefunden und - in Verwahrung genommen - ~~beschlagnahmt~~ - weil sie - als Beweismittel von Bedeutung sein können - der Einziehung und Aufbewahrung unterliegen.

Gegen die Beschlagnahme wurde von der Leitung des Verlages
kein - ~~ausdrücklich~~ - Widerspruch erhoben.

Ein Verzeichnis wurde der Verlagsleitung
- nicht - ausgehändigt.

Nichtzutreffendes streichen

Stadtbezirksgericht Mitte

Hs.C. 144 /56

Gegenwärtig:

K. Krautter
als Richter

als Schriftführerin

Vfg.

Annahme befehl ist/sind erteilt.

U. m. A.
an die Oberste Staatsanwaltschaft der DDR, Abtlg. I

Berlin, den 7. 12. 1956

Dem Beschuldigten wurde eröffnet, daß er auf Grund des Haftbefehls in U-Haft genommen werde.
Er ist/sind

dringend verdächtig.
Es besteht, da / ~~ausweislose Person / Ausländer~~ wegen der Höhe der zu erwartenden Strafe Fluchtverdacht und Verdunkelungsgefahr.

6

Berlin den 7. 12. 1956

## Ermittlungssache

gegen J A N K A , Walter
geb.am 29.4.1914 in Chemnitz
wohnh. Kleinmachnow,
Heidereiter Weg 32

wegen

Es wurde vorgeführt der Beschuldigte siehe oben, und erklärt:

Der Haftbefehl des Stadtbez.Gericht Mitte vom 6.12.56 sowie das Beschwerderecht wurden mir heute um 9.45 Uhr bekanntgegeben. Ich bin die im Haftbefehl genannte Person. und verbleibe bei meinen bisher gemachten Angaben. Im übrigen bestreite ich, mich in jeder Form, im Sinne des Haftbefehls schuldig gemacht zu haben. Es ist zwar richtig, daß ich mit meinen engsten Mitarbeitern politische Diskussionen gepflegt habe auch Diskussionen kritischer Art, die aber nie über den Rahmen der in der Partei üblichen und möglichen Diskussionen hinausgingen.
Daß Harich Verbindung zu irgendwelche westlichen Agenturen hatte, ist mir nicht bekannt. Soweit er westliche Verbindungen überhaupt hatte, waren es solche, allgemein kulturpolitischer Art, die weder in meinem Auftrage, noch Wissen, noch Kenntnis zustande kamen bezw. gepflegt wurden.
Es hat für mich jedenfalls niemals ein Anlaß vorgelegen, gegen die allgemeinen theoretischen Auffassungen von Harich als parteifeindlich Stellung zu nehmen.

Ich bitte darum, die Untersuchung beschleunigt zum Abschluß zu bringen. Im übrigen bitte ich davon Kenntnis zu nehmen, daß ich gegen den Haftbefehl Haftbeschwerde einlege.

v. g. u.

Walter Janka

VLV Erfurt Ag 140/II 8000 955 V/12/27 8963

Der Generalstaatsanwalt
der Deutschen Demokratischen
Republik
– Der Stellvertreter –

Berlin N 4, den 12. 12. 1956
Scharnhorststrasse 37
Telefon: 2206 3828

Ja/Gl.

An Abteilung I
(In jedem Schreiben anzugeben)

An das
Stadtbezirksgericht Berlin-Mitte

Berlin C 2
Grunerstrasse

Betr.: Stellungnahme zu der Haftbeschwerde des Beschuldigten Janka, Walter, geboren am 29. 4. 1914.
Anlg.: 1 Haftbeschwerde des Beschuldigten Janka
1 Akte.

Der Beschuldigte Janka, Walter legte am 7. 12. 1956 gegen den vom Stadtbezirksgericht Berlin-Mitte am 6. 12. 1956 erlassenen Haftbefehl Az.: Hs.C. /56 Beschwerde ein.
Er begründete seine Beschwerde damit, dass die angeführten Gründe keinerlei Grundlagen hätten. Am 29. 11. 1956 erfolgte die Festnahme einer Gruppe von Personen, deren Massnahmen gegen die Politik der Regierung gerichtet war. Von dieser Gruppe wurde ein Programm ausgearbeitet, welches die Beseitigung des Regierungsapparates der Deutschen Demokratischen Republik und eines Teils des Funktionärskörpers der Sozialistischen Einheitspartei Deutschlands als auch die Auflösung Landwirtschaftlicher Produktionsgenossenschaften beinhaltet und mit Hilfe des Ostbüros der SPD unter der Bevölkerung der Deutschen Demokratischen Republik verbreitet werden sollte.

Ag. 132/54 DDR – 21473 – (13) – 1898

(Vernehmung des Mitbeschuldigten Harich vom 30. 11. 1956.) Die Gruppe hatte sich zur Ausarbeitung des Programms und Durchsetzung ihrer Forderungen zusammengetan. Der Beschuldigte Janka forderte laufend von dem Beschuldigten Harich das Programm schriftlich zu formulieren und organisierte eine Zusammenkunft in seiner Wohnung. Die Beschuldigte G. erklärte in der Vernehmung vom 30. 11. 1956, dass Harich die Grundgedanken seines Programms (Konzeption) mit Janka besprochen habe.

In der Vernehmung am 10. 12. 1956 erklärte Harich, Janka wäre seit dem 8. Plenum des Zentralkomitees der Vereinigten Polnischen Arbeiterpartei sehr aufgeschlossen für die Ideen von Harich und forderte in den Diskussionen mit ihm persönlich und anderen, dass Harich sein Programm so schnell wie möglich schriftlich niederlegen solle. Diese Forderung stellte er mehrmals mit Nachdruck. Harich sagt auch weiter aus, dass Janka seine grundsätzlichen Auffassungen über den »besonderen deutschen Weg zum Sozialismus« (in Wirklichkeit Restaurierung des Kapitalismus) voll unterstützte und dies auch gegenüber anderen zum Ausdruck brachte. Über die Gründe des Janka für seine Haltung befragt, erklärt Harich (Vernehmung vom 10. 12. 1956 Bl. 3), Janka hatte eine ablehnende Haltung gegenüber dem Ministerpräsidenten Grotewohl, dem 1. Sekretär des ZK der Sozialistischen Einheitspartei Deutschlands, Walter Ulbricht sowie dem Minister der Justiz Hilde Benjamin. Janka vertrat auch die Ansicht, einen Politökonomen hinzuzuziehen, dessen Adresse und Telefonnummer er sich notierte, um sich persönlich mit ihm in Verbindung zu setzen. Es wurden innerhalb der Gruppe auch Spekulationen über führende Staats- und Parteifunktionäre geführt, inwieweit sie das Programm unterstützen oder ablehnen würden.

Am 21. November hatte sich auf Grund der Einladung Janka's die Gruppe in seiner Wohnung getroffen, wo über das Programm eingehend diskutiert wurde.

Janka gibt in seiner Vernehmung vom 10. 12. 1956 Bl. 3 zu, dass der Mitbeschuldigte Harich seine Theorien zum spezifischen

Eigenweg des Aufbau des Sozialismus in Deutschland darlegte. Auf Bl. 5 erklärt Janka, dass er sich bei der Zusammenkunft im allgemeinen zustimmend zu den Theorien Harichs äusserte.
Der Beschuldigte Janka hat sich in seinen bisherigen Vernehmungen äusserst verstockt verhalten. Bei kritischen Fragen über seine Haltung und Einstellung zu dem Programm des Harich erklärt er, sich nicht entsinnen zu können. Er wird aber durch die Aussagen der Mitbeschuldigten – in erster Linie des Harich stärkstens belastet, so dass weiterhin dringender Tatverdacht besteht und die Aufrechterhaltung des Haftbefehls wegen Verdunkelungsgefahr begründet ist.

Im Auftrage:
gez. Jahnke
(Staatsanwalt)

Regierung der
Deutschen Demokratischen Republik

Ministerium für Staatssicherheit Berlin, den 16.3.1957

An die
Oberste Staatsanwaltschaft der
Deutschen Demokratischen Republik
– Abteilung I –

Berlin

Betr.: Fristverlängerung
Bezug: Ohne

Der Beschuldigte

Janka, Walter
geb. am: 29.4.1914 in Chemnitz
Beruf: Schriftsetzer, zuletzt tätig als Leiter des Aufbau-Verlages in Berlin – W 8, Französische-Str. 32
wohnh.: Kleinmachnow, Heidereiterweg 32

wurde am 6.12.1956 aufgrund des am 5.12.1956 eingeleiteten Ermittlungsverfahrens in Haft genommen.
Die Gründe hierfür waren, daß Janka im dringenden Verdacht stand, einer staatsfeindlichen Gruppe anzugehören und im Jahre 1956 an Handlungen teilgenommen zu haben, die auf die Untergrabung und Beseitigung der volksdemokratischen Ordnung in der Deutschen Demokratischen Republik und die Restaurierung kapitalistischer Verhältnisse gerichtet waren.
Durch die bisherige Untersuchung wurde festgestellt, daß Janka an der verbrecherischen Tätigkeit der von Harich organisierten, staatsfeindlichen Gruppe aktiv beteiligt gewesen ist. Er kannte im wesentlichen die konterrevolutionäre Plattform des Harich und dessen Pläne zur Verwirklichung dieser Absichten. Janka bestärkte Harich in diesen feindlichen Plänen und Absichten bei verschiedenen Zusammenkünften, forderte ihn mehrere Male mit Nachdruck zur schriftlichen Ausarbeitung der

konterrevolutionären Konzeption auf und organisierte am 21. November 1956 in seiner Wohnung eine Zusammenkunft, um weitere Personen in diese Tätigkeit einzubeziehen.
Im Verlaufe der bisherigen Untersuchungen versuchte Janka diese durch Aussagen von weiteren Beschuldigten und durch mehrere Zeugenvernehmungen bestätigten Tatsachen zu bagatellisieren bzw. abzustreiten.
Zur umfassenden Klärung des Sachverhaltes und zur Beweisführung machen sich deshalb Gegenüberstellungen des Janka mit anderen Beschuldigten sowie mit den als Zeugen vernommenen Personen notwendig.
Aufgrund der Gemeinsamkeit der verbrecherischen Handlungen mit den inzwischen inhaftierten Gustav Just und Heinz Zöger ist vorgesehen, Janka gemeinsam mit diesen in einem Ermittlungsverfahren zum Abschluß zu bringen.
Aus den vorgenannten Gründen wird gebeten, die Untersuchungszeit bis 30. April 1957 zu verlängern.

gez. Richter
Oberstleutnant

Die Frist zum Abschluß der Ermittlungen wird bis 30. April 1957 verlängert.
Der Beschuldigte Janka bestritt bisher jede strafbare Handlung bei Vorhalt von Aussagen der Mitbeschuldigten und Zeugen bestritt er entweder alles bzw. wollte er sich nicht daran erinnern. Auf Grund dieses Verhaltens ist es erforderlich, Gegenüberstellungen durchzuführen, dieses war vor Abschluß der Hauptverhandlung gegen Harich nicht möglich, da eine Beeinflussung des Harich durch Janka zu befürchten war.
Der Beschuldigte wurde laufend gehört.
Wegen der Höhe der zu erwartenden Strafe besteht weiter Fluchtverdacht.

Bis 8. Mai 1957
verlängert.
gez. Jahnke
30. 4. 57

Oberste Staatsanwaltschaft
der Deutschen Demokratischen Republik
gez. Jahnke
Staatsanwalt 19. 3. 1957

Oberstes Gericht
der
Deutschen Demokratischen Republik
1. Strafsenat
1 Zst (I) 2/57

Im Namen des Volkes

In der Strafsache
gegen 1.) Janka, Walter
geb. am 29. April 1914 in Chemnitz,
Beruf: Schriftsetzer,
zuletzt tätig als Leiter des Aufbau-Verlags in Berlin W 8, Französische Str. 32,
wohnhaft: Kleinmachnow, Heidereiter Weg 32,
seit dem 7. Dezember 1956 in dieser Sache in Haft;

2.) Just, Gustav
geb. am 16. Juni 1921 in Reinowitz/CSR,
Beruf: Lehrer,
zuletzt stellvertretender Chefredakteur der Wochenzeitung »Sonntag« in Berlin W 8, Französische Str. 32,
wohnhaft: Berlin-Adlershof, Radickestraße 46,
seit dem 9. März 1957 in dieser Sache in Haft;

3.) Zöger, Heinz
geb. am 19. November 1915 in Leipzig,
Beruf: Schriftsetzer,
zuletzt tätig als Chefredakteur der Wochenzeitung »Sonntag« in Berlin W 8, Französische Str. 32,
wohnhaft: Berlin-Adlershof, Volkswohlstraße 100,
seit dem 9. März 1957 in dieser Sache in Haft;

4.) Wolf, Richard
geb. am 15. Mai 1919 in Bielefeld,

Beruf: Journalist,
zuletzt tätig als freischaffender Journalist,
wohnhaft: Berlin-Karlshorst, Gundelfingerstraße 34a,
seit dem 9. März 1957 in dieser Sache in Haft;

wegen Verbrechens gegen Art. 6 der Verfassung der Deutschen Demokratischen Republik, hat das Oberste Gericht der Deutschen Demokratischen Republik durch den 1. Strafsenat in der Sitzung vom 23., 24., 25. und 26. Juli 1957, an der teilgenommen haben:

Vizepräsident Ziegler
als Vorsitzender,
Oberrichter Dr. Löwenthal
Richter Reinwarth
als beisitzende Richter,
Generalstaatsanwalt Dr. Melsheimer
und Staatsanwalt Jahnke,
Sekretär Klenke
als Protokollführer,

für Recht erkannt:

Wegen Verbrechens gegen Art. 6 der Verfassung der Deutschen Demokratischen Republik werden verurteilt:

Der Angeklagte Janka
zu 5 – fünf – Jahren Zuchthaus,
der Angeklagte Just
zu 4 – vier – Jahren Zuchthaus,
der Angeklagte Zöger
zu 2 – zwei – Jahren 6 – sechs – Monaten Zuchthaus,
und
der Angeklagte Wolf
zu 3 – drei – Jahren Zuchthaus.

Den Angeklagten wird die erlittene Untersuchungshaft angerechnet.

Die Angeklagten haben die Auslagen des Verfahrens zu tragen.

1. Strafsenat 30. Juli 1957
1 Zst (I) 2/57 2206 3723

An das
Zentralkomitee der
Sozialistischen Einheitspartei Deutschlands
Sektor Justiz
z. Hd. des Gen. Kern

Berlin
Wilhelm-Pieck-Str.

Lieber Genosse Kern!

In der Strafsache gegen Janka u.A. übersende ich Dir eine Abschrift des Urteils des 1. Strafsenats des Obersten Gerichts vom 26. Juli 1957. Gleichzeitig füge ich eine Abschrift des Urteils für die Abt. S. (Gen. Hoffmann) – wie mit Dir telefonisch vereinbart – bei. Ich werde Dich im Laufe des Mittwochs anrufen, um Deine Meinung über den Umfang der Veröffentlichung des Urteils in der Neuen Justiz zu erfragen.

Mit sozialistischem Gruß
gez. Löwenthal

2 Anlagen

## Treffberichte

Hauptabteilung V/1/II Berlin, den 3. 11. 1956
Gü.–

### Bericht

Betr.: Situation in der Redaktion »Sonntag«

Auf Grund des Artikels »Schriftsteller und Respublika«, der in der Nummer 44 des »Sonntag« erschienen war und der die Aufmerksamkeit des ZK der SED in Bezug auf diese Zeitung erweckt hat, wurde der GI »Kurt« vom ZK der SED kommissarisch als Chefredakteur dieser Zeitung eingesetzt, und für die politische Gestaltung der Zeitung verantwortlich gemacht.
Der GI berichtete folgendes: Die Redaktion des »Sonntag« besteht aus sieben Genossen. Die eigentlichen Chefredakteure sind die Gen. Just und Zöger. Den zum größten Teil jungen Genossen der Redaktion kann man nach Meinung des GI für ihre falschen Auffassungen keinen Vorwurf machen. Einesteils sind sie noch sehr unerfahren und zum anderen werden sie nicht im geringsten angeleitet. Die Verantwortlichen von seiten des Ministeriums für Kultur sind der Minister Becher und der Staatssekretär Abusch. Beide haben sich bis vor kurzem nicht ein einziges Mal in der Redaktion sehen lassen. Die vom Ministerium für Kultur eingesetzten Verbindungsleute äußerten zu den Redakteuren, daß sie dieses Blatt nicht einmal lesen, geschweige denn mit ihm beschäftigen. Einer dieser Verbindungsleute ist der Genosse Herzog.
Als am Donnerstagabend die Genossen Paul Wandel und Staatssekretär Abusch zwecks einer Durchsicht der neuen Artikel über die Lage in Ungarn in die Redaktion kamen, äußerten die Redakteure, daß sie noch nie so einen hohen Besuch gehabt hätten.
Nach der Meinung des GI haben die Redakteure sehr falsche Auffassungen über die Fragen des Marxismus. Sie vertreten z. B. die Meinung, daß der Marxismus nach dem XX. Parteitag der

KPdSU erst richtig beginnt. Weiterhin bezeichnen sie die sowjetischen Schriftsteller der zwanziger Jahre als die Klassiker der sowjetischen Literatur.

gez. Gütling

Hauptabteilung V/1/II

Betr.: Treff mit GI »Kurt« vom 7. 12. 1956

... Durch den Gen. Paul Wandel erfuhr er, daß am Mittwoch eine Politbüro-Tagung mit Schriftstellern stattfand, die sich in scharfer Form gegen das Kommuniqué wandten. Die Schriftsteller bezeichneten es als einen Rückfall in die Berija-Manieren. Gen. Grotewohl hatte sich in dieser Tagung auch von der Form des Kommuniqués distanziert. Gen. Wandel erklärte dem GI, daß er auch die Wahl des Wortlautes nicht sehr glücklich findet und er der Meinung ist, die ebenfalls der GI vertrat, daß man zwar jetzt nicht dazu Stellung nehmen soll in der Öffentlichkeit. Zur gegebenen Zeit sollte aber ein rein sachlich gehaltener Bericht über den Stand der Untersuchungen in der Presse veröffentlicht werden. Er verspricht sich davon, daß dadurch die Befürchtungen, die unter der Intelligenz vorhanden sind, über einen geplanten Schau-Prozeß, bei dem das Urteil schon von vornherein feststeht, zerschlagen werden.
Weiterhin berichtet er über die Verhaftung Jankas. Er sprach so davon, als ob er voraussetzt, daß dies uns bekannt ist. Er ist der Meinung, daß sich diese Verhaftung bald herumsprechen wird, obwohl dazu noch nichts veröffentlicht wurde. ...
Heute früh wurde der GI von dem Genossen Bodo Uhse aufgesucht, der mit ihm einige Probleme der Zeitschrift »Aufbau« besprach. In diesem Zusammenhang sagte der Gen. Uhse, daß ihn die Verhaftung Jankas sehr schockiert habe, da er ihn schon sehr lange kenne und mit ihm zusammen in Spanien war. Er äußerte die Befürchtung, daß er Angst habe vor einem Schau-Prozeß. Er habe sich aus dieser Situation heraus am Abend betrunken. ...
Zu seinen persönlichen Belangen sagte er noch, daß er es für politisch gut hielte, wenn man seine Stellung im »Sonntag« lega-

lisieren würde, indem man ihn in irgendein Gremium des Kulturbundes oder des Ministeriums für Kultur kooptiert und ihn von dort mit der Anleitung des Sonntags beauftragt.
Abschließend zu diesem ganzen Fragenkomplex bemerkte der GI noch, daß dies nicht all-umfassend sein könne, da die Versammlung zur Verhaftung Jankas erst heute früh war und er noch nicht genügend Zeit hatte, sich allseitig zu informieren. ...

gez. Gütling
O.Feldw.

Treff mit GI »Kurt« am 11. 12. 1956

... Weiterhin übergab der GI die Abschrift eines Artikels des Prof. Bloch (Leipzig), der an die Sonntag-Redaktion adressiert war, worin B. das Verhalten unserer führenden Funktionäre gegenüber Lukács stark kritisiert. Zur Vorgeschichte dieses Artikels erklärte der GI folgendes: zu Beginn des weißen Terrors in Ungarn hat Gen. Becher dem Janka den Auftrag gegeben, etwas zu unternehmen, um den Lukács in Ungarn zu retten. ... Inzwischen wurde jedoch im ZK beschlossen, daß dies die österreichischen bzw. sowjetischen Genossen übernehmen würden. Becher teilt daraufhin dem Janka mit, daß er nicht nach Ungarn fahren brauche. Daraufhin hat Janka dem Bloch mitgeteilt, daß ihm das Ministerium für Kultur verboten hätte, Lukács zu retten. Daraufhin ist dieser Artikel entstanden. Er wird nicht veröffentlicht. (Quelle: Gen. Becher). ...
Zum Abschluß der Aktivtagung wurde den Genossen der Redaktion vom Gen. Adam (ZK – Kulturabteilung) die Linie des Gen. W. Ulbricht zur Frage von Janka (wie sie Gen. Ulbricht vor den Schriftstellern vertreten hat) unterbreitet, die von allen Genossen gebilligt wurde.
Zur Tagung des Präsidiums des Schriftstellerverbandes am Sonnabend, dem 8. 12. 56, berichtete der GI nochmals folgendes: Es handelte sich hierbei nur um eine Sitzung der Parteigruppe des Präsidiums des Verbandes. Ausgangspunkt ihrer Besprechungen war, daß ihre Sorgen über bestimmte politische Pro-

bleme bei der Aussprache mit dem Polit-Büro nicht beseitigt wurden. Man wünscht aus diesem Grunde nochmals eine Aussprache zwischen den Genossen des Präsidiums und dem Gen. Wandel.
Janka spielte in den Besprechungen auch eine große Rolle, da er auch im internationalen Maßstab eine gewisse Bedeutung hat. Man spricht vor allen Dingen darüber, ob die Verhaftung von Janka richtig war. Die Schriftstellerin Anna Seghers wäre jetzt bei allen geführten Diskussionen sehr scharf und offen. Sie würde jedem das sagen, was sie denkt. ...
Der Chefredakteur des »Sonntag«, Zöger, läßt sich nach der Meinung des GI sehr schwer einschätzen. Zöger war vor dem Auftauchen des GI in der Redaktion noch oppositioneller als Just. Seine Schwankungen dauerten ca. acht Tage. Danach hat er sich geändert oder angepaßt. Dies ist dem Genossen noch nicht klar. ...
Die Verbindung zu Bodo Uhse hält der GI weiterhin aufrecht.

gez. Gütling
O-Feldw.

Treff mit dem GI »Kurt« vom 13. 12. 56

... Bodo Uhse teilte dem GI mit, daß er am Dienstag, dem 18. 12. 56, nach Indien zu einem Kongreß asiatischer Schriftsteller fliegt. Mit ihm fliegt Stephan Hermlin. Stefan Heym wollte ebenfalls mit, er wurde aber zur publizistischen Auswertung der Probleme der Arbeiterkomitees zurückgehalten.
Die beiden Schriftsteller haben den Auftrag, als konsequente Vertreter der sozialistischen Literatur auf diesem Kongreß zu wirken. Bodo Uhse äußerte, daß er eine Reihe der auf dem Kongreß vertretenen chinesischen Schriftsteller kennt und sich an sie anschließen will.
Zur Lage unter den Schriftstellern sagte der GI, daß sie energisch im Kampf gegen den Klassenfeind sind, jedoch in bestimmten Punkten mißtrauisch und zurückhaltend. Als Beispiele führte er an: die Schriftsteller äußern sich kaum zur Ungarn-

Frage, zu dem Verhalten der ungarischen Schriftsteller und zum Petőfi-Kreis. Sie wollen darüber erst ausführliche und konkrete Informationen und Materialien haben. Außerdem sind sie mißtrauisch gegenüber den Organen der Staatssicherheit und der Justiz. Sie stellen immer wieder die Frage, ist denn überhaupt genügend Belastungsmaterial vorhanden, das eine Verhaftung dieser Personen, wie Harich und Janka, rechtfertigt. ...

gez. Gütling
O.-Feldw.

Treff mit GI »Kurt« am 22.12.56

Der GI berichtete, daß er während seiner Dienstreise in Leipzig mit verschiedenen Personen gesprochen hat. Von ihnen hat er erfahren, daß es über die Verhaftung von Harich und Janka sehr große Diskussionen gegeben hat. Diese Diskussionen richteten sich in der Hauptsache gegen den Staatsapparat (Justiz, MfS)[1], gegen die Regierung und den Gen. Becher (MfK).[2] Unter den Kreisen der Intellektuellen wurde sogar schon begonnen, Unterschriften für die Freilassung der beiden Inhaftierten zu sammeln. ...
Zentrum dieser ganzen Diskussion ist Prof. Bloch und hauptsächlich seine Frau, die Graphikerin ist.
Diese ganzen Diskussionen wurden durch die Aussprache mit Gen. Otto Grotewohl (vor reichlich 8 Tagen) beseitigt, so daß z. Z. eine eisige Ruhe herrscht.
Die positiven, d. h. die uns nahe stehenden Kreise haben eine sehr abwartende Haltung eingenommen. Sie sind zurückhaltend und warten auf den Prozeß, den sie in aller nächster Zeit wünschen. ...
... Zur Regelung der Frage Just erklärte der GI noch, daß man vom ZK (Gen. Wandel) aus die Absicht hatte, die Angelegenheit Just an die ZPKK[3] zu übergeben. Da dies nach der Mei-

1 Ministerium für Staatssicherheit
2 Ministerium für Kultur
3 Zentrale Parteikontrollkommission

nung des GI politisch nicht gut ist und das ZK dadurch an Prestige verlieren würde (auf Grund der langen Diskussionen im Sonntag), hat der GI dem Gen. Wandel angeraten, Just durch das ZK oder das Sekretariat des Kulturbundes offen abzuberufen.

gez. Gütling
O-Feldw.

Am Donnerstag, dem 3.1.1957, wurde ein Treff mit dem GI »Kurt« in der KW[1] »Georg« durchgeführt.

Der GI berichtete, daß er entgegen seinen Mitteilungen von einem der vorhergehenden Treffs von Zöger erfahren hat, daß Prof. Bloch (während seines Aufenthaltes zur Sektionssitzung der Sektion Philosophie – 12.12.56 – in Berlin) den Just in der Redaktion »Sonntag« aufgesucht hat (und zwar am 18.12.56). Zöger selbst war an diesem Tage nicht in der Redaktion und hat seine Informationen von Just. Bloch hätte sich bei Just beschwert, daß seine Artikel über Polen, Ungarn und das Verhalten der Intelligenz in der DDR nicht in der Zeitschrift »Sonntag« erschienen sind. Just habe ihm daraufhin gesagt, daß er darüber keine Auskunft geben könne und hat ihn an den Gen. Hager verwiesen. Just hat Bloch dann auch telefonisch bei dem Gen. Hager angemeldet. …
Weiterhin teilte der GI mit, daß er über die HV Verlagswesen, Gen. Hagemann, erfahren habe, daß Janka die Absicht hatte, mit den ihm zur Verfügung stehenden Westmark-Guthaben (Verlagsgelder), eine Kommissionsbuchhandlung in Westberlin[2] zu eröffnen. Es muß sich dabei um größere Beträge gehandelt haben. Woher Janka das Geld hatte, weiß der GI nicht.
Da diese Stellen jedoch wußten, daß Janka ein sehr gutes Verhältnis zu Minister Becher hat, betrachteten sie die Angelegenheit als genehmigt.

1 Konspirative Wohnung
2 Diese Darstellung ist falsch. Beabsichtigt war die Gründung einer Filiale in Hamburg.

Diese Kommissionsbuchhandlung sollte nach den Plänen von Janka in Westberlin von ehem. Mitgliedern der SPD, die vor einiger Zeit aus der Partei ausgeschlossen wurden, aufgebaut werden. ...

Am 12.2.1957 wurde in der KW »Georg« ein Treff mit dem GI »Kurt« durchgeführt.

Der GI berichtete:
... Durch den Leiter des Büros für Urheberrechte, Dr. Glücksmann erfuhr der GI folgendes: der parteilose Komponist Gerhard Wohlgemuth (Halle) habe ihm erzählt, daß er nach einer Tagung des Komponistenverbandes in Halle von Just angesprochen wurde und ihm dieser folgendes mitteilte: Er (Just) sei aus der Redaktion »Sonntag« entlassen worden und habe immer noch keine Arbeit. Er wisse die »wahren Gründe« der Verhaftung Harichs. Harich habe im Auftrage einer Dienststelle der sowjetischen Freunde Verbindungen zum Ostbüro der SPD unterhalten müssen und habe dementsprechende Aufträge bekommen. Diese Verbindung wäre rein offizieller Natur gewesen. Von dieser Verbindung habe Gen. Walter Ulbricht erfahren und hätte Harich daraufhin zur Rede gestellt. Harich habe daraufhin Gewissensbisse gehabt und hätte versucht, die Dienststelle der Freunde telefonisch zu erreichen. Dies wäre ihm nicht gelungen. Die Dienststelle wäre urplötzlich verschwunden gewesen, und niemand hätte mehr etwas von derartigen Aufträgen gewußt. Die Freunde hätten sich in dieser Situation wahrscheinlich für den Gen. Ulbricht entschieden und Harich fallen lassen, denn dieser sei kurze Zeit später verhaftet worden. ...
Zum 30. Plenum äußerte Bloch lediglich, daß man dadurch Klarheit und endlich eine konsequente Linie habe.
Der GI ist der Meinung, daß die teilweise negative Haltung des Bloch in der vergangenen Zeit weniger auf ihn, als vielmehr auf seine Frau, die jetzt aus der Partei ausgeschlossen wurde, zurückzuführen ist. ...
Eine größere Rolle spielt noch Janka, jedoch hat es auch dort

nachgelassen. Konkrete Äußerungen sind dem GI nicht bekannt. In der nächsten Sitzung des Kulturbundes wird die Frage der Kündigung des Janka entschieden. Die Frau des Janka erhielt für Februar 1000,– M des Gehaltes – der Rest wurde vom Verlag vorläufig einbehalten.
Die Aussprache des Staatsanwaltes im Aufbau-Verlag wurde auf einen noch nicht feststehenden Termin verschoben. ...
Weiterhin fragte der GI, ob von uns Einwendungen bestehen, wenn er die Sekretärin des Janka, die jetzt seine Sekretärin ist, in eine andere Funktion innerhalb des Verlages einsetzt. Er hält es nicht für gut, daß er sie behält, da sie neun Jahre mit Janka zusammengearbeitet hat und von ihm von einer Arbeitsstelle zur anderen mitgenommen wurde. Die Veränderung plant er in 2–3 Monaten.

gez. Gütling
O.-Feldw.

Hauptabteilung V/1/IV Berlin, den 3. 1. 1957

Bericht

Betr.: Aussprache mit dem Genossen Erich Wendt vom Marx-Engels-Lenin-Institut

Am heutigen Tage wurde in der Zeit von 9.30 bis 11.00 Uhr eine Aussprache mit Gen. Wendt in seinem Arbeitszimmer am Reichstagsufer geführt.
Gen. Wendt berichtete, daß ihm gestern ein Brief der Frau Janka übergeben wurde, der beinhaltet, daß sie beim Staatsanwalt eine Besuchserlaubnis beantragen wird, um sich von dem Gesundheitszustande ihres Mannes zu überzeugen.
Weiterhin schickte sie ihm eine Durchschrift eines Schreibens, welches die Janka an die Parteiorganisation des Aufbau-Verlages richtete, worin sie schreibt, daß sie sich Sorgen macht um den Gesundheitszustand ihres Mannes und auch nach der Verhaftung Jankas bei Prof. Brugsch war und diesen bat, ein medizinisches Gutachten der Staatsanwaltschaft zu übersenden. Sie

schreibt weiter, daß sich die Parteiorganisation mit dieser Frage beschäftigen soll und daß nur der Prof. Brugsch die Krankheit ihres Mannes richtig erkannt hätte und ihn weiter behandeln müßte. Die Kosten würde sie selbst übernehmen.

Der Verlags-Lektor des Aufbau-Verlages, Casper, hat den Gen. Wendt in Kenntnis gesetzt, daß er auch einen solchen Brief bekommen habe und sie heute abend darüber sprechen müßten.

Gen. Wendt sagte, daß, wenn die Parteileitung vom Standpunkt der Partei an diese Frage herangehen würde, würden sie der Frau Janka sagen, bzw. schreiben, daß sie diese Dinge selbst beim Staatsanwalt erledigen kann.

Weiterhin berichtete der Gen. Wendt, daß der Schriftsteller Arnold Zweig bei ihm gewesen ist und sich über Janka erkundigt hat. Da er nicht die gewünschte Auskunft bekam, sagte er, daß er in der nächsten Sitzung der Volkskammerfraktion darüber sprechen wird. Gen. Wendt versprach, daß er mit dem Minister Becher sprechen wird, da er annimmt, daß dieser mehr davon weiß. Danach wird er wieder mit Arnold Zweig sprechen. Dazu sagte Gen. Wendt, daß, wenn Zweig in der Volkskammerfraktion des Kulturbundes doch darüber spricht, er dies verhindern kann.

Er sagte weiter, daß er auch mit dem Gen. Becher sprechen will, ob er nicht einleiten kann, daß doch in der nächsten Zeit eine Veröffentlichung über die Verhaftung Jankas erscheinen kann, da gerade der Verhaftung Jankas sehr große Bedeutung beigemessen werden muß, da dieser mit fast allen bekannten in- und ausländischen Schriftstellern Verbindung hatte und mit diesen ihre Bücher durcharbeitete und gute Ratschläge gab. Weiterhin sagte der Gen. Wendt, daß gerade der Aufbau-Verlag unterschätzt wird, dem ja eine so große Bedeutung beigemessen ist, da ja alle Schriftsteller mit diesem in Kontakt kommen.

Über die Stimmung im Verlag sagte Gen. Wendt, daß sich noch alle getroffen fühlen wegen der Verhaftung Jankas und deshalb sehr zurückhaltend sind.

Über Harich sagte er, ist es ganz anders, denn dieser hatte nicht so viel Sympathien wie Janka. Auf der gestrigen Arbeitstagung, wo die Pläne besprochen wurden, wurde bekannt, daß Harich Verträge abgeschlossen hat, ohne die Leitung zu befragen. Weiterhin hat er auch sehr schlechte Verträge abgeschlossen, die zurückgezogen werden müssen. Über diese Dinge sind die Genossen nicht gut zu sprechen und sehen ein, daß Harich nicht richtig gehandelt hat. Es wird jetzt eine Inventur gemacht über alle Sachen und Verträge von Harich, da dem Verlag manches nicht bekannt ist.

Gen. Wendt berichtete dann noch, daß ihn am 31. 12. 56 Heym angerufen hat, mit der Bitte, doch Silvester bei ihm zu verleben. Er schickte seinen Wagen, und Gen. Wendt traf dort Uhse und Hermlin an, die ihn gleich über Janka befragten. Beide sind in einer sehr bedrückten Stimmung.

Der Gen. Wendt bat dem Gen. Oberst Jahnke zu unterbreiten, daß, sobald es möglich ist, etwas über Janka veröffentlicht wird.

gez. Voigt

Abschrift

Um ¾ 8 (7. 12.) traf sich vor Arbeitsbeginn die Parteigruppe des Verlages. Gen. Casper hatte, von der Parteiorganisation beauftragt, mit der Gen. Pflug (ZK)[1] gesprochen. Sie hatte den Vorschlag gebilligt, eine provisorische Leitung des Verlages zu benennen, die bestehen soll aus den Gen. Casper, Erich Wendt, Günter Schubert, dem Parteisekretär und BGL-Vorsitzenden. Sie war eingeladen, in den Verlag zu kommen, und erschien gegen 9 Uhr. Der Gen. Düwel, beauftragt von der Parteiorganisation, hatte die Frau von Walter Janka aufgesucht und kam zu ihr, als eine Haussuchung stattfand. Der Staatsanwalt gab Auskunft, daß Janka nach Artikel 6 der Verfassung verhaftet sei. Düwel habe den Staatsanwalt auf den schlechten Gesundheitszustand von Janka aufmerksam gemacht.

Gen. Casper, ebenfalls im Auftrage der Parteiorganisation, hatte mit dem Minister Becher gesprochen, der die provisorische

1 Zentralkomitee der SED

Leitung ebenfalls billigte und den Gen. Wendt angerufen hat, den früheren Verlagsleiter, der großes Vertrauen unter der Belegschaft genießt. Gen. Wendt erschien um 8.00 im Verlag. Die Belegschaft war angewiesen worden, um 8.00 Uhr den Klubraum aufzusuchen. Gen. Casper teilte die Verhaftung von Janka mit und forderte auf, an die Arbeit zu gehen und mögliche Störversuche abzuwehren.
Gen. Wendt sagte, daß die Arbeit des Verlages immer eine Kollektivarbeit gewesen sei und nicht von einzelnen Personen abhänge. Er gab die provisorische Leitung bekannt und sagte, daß Casper, wie bei Urlaubsvertretungen, federführend sei. Er selbst werde versuchen, täglich ein oder zwei Stunden im Verlag zu sein, um zu helfen. – Keine Diskussion (war auch nicht beabsichtigt).
Anschließend Abteilungsleiterzusammenkunft. Aufforderung zur Weiterführung der Arbeit. Eventuelle Störversuche, die von außen kommen, abwehren. – Placzek und Jahn sagten etwa, daß Janka viel für den Verlag geleistet hat und viele Sympathien besitze. Die Erklärungen von Casper und Wendt seien so gehalten, als ob Janka abgeschrieben sei und als ob man sich plötzlich distanziere.
Sympathien sind sicher vorhanden, aber das Ergebnis der Untersuchung ist abzuwarten, bevor ein Urteil gefällt werden kann; dann müsse man seine Sympathien vielleicht revidieren.
In der anschließenden Parteiorganisatorenzusammenkunft wies Wendt noch einmal darauf hin:
Man darf nicht von vornherein Jankas Unschuld annehmen; damit würde man auch der Diskussion, die von außen (Westen) hereingetragen wird, fruchtbaren Boden bereiten. Er sagte weiter, und damit hat er sicher recht, daß die Mitarbeiter daran interessiert sind, weiterzuarbeiten. Allerdings würde es unter den Redakteuren und Lektoren Menschen geben, die außer den betrieblichen Sympathien, politische Sympathien für Janka hätten.
Zunächst trauen die Lektoren Janka keine staatsfeindlichen Handlungen zu. K. sagt: ein Mensch, der zwanzigmal sein

Leben für den Kommunismus in die Waagschale geworfen hat,
S.: Es muß doch gesagt werden warum. ...
Im übrigen drehen sich die Gespräche meist um Belanglosigkeiten. Wohl in Überbrückung der großen inneren Erregung, die wohl alle Mitarbeiter ergriffen hat.

Berlin, 7. XII. 56 gez. Kant

Am Montag, dem 25. 2. 1957, wurde ein Treff mit dem GI »Kurt« in der KW »Georg« durchgeführt.

... Zur Harich-Gruppe berichtet der GI folgendes:
Leo Bauer,[1] ehemaliger Angestellter beim Staatlichen Rundfunkkomitee, zuletzt inhaftiert in der Sowjetunion, hat in der westdeutschen Zeitschrift »Kultur« einen großen Hetzartikel zur Harich-Gruppe veröffentlicht, in dem er besonders den Fall Steinberger herausgearbeitet hat. Seit der Verhaftung von Harich und Janka sind ein Teil der Autoren in Westdeutschland und Frankreich, die mit dem Aufbau-Verlag Verbindung haben, in ihrem Verkehr mit diesem verhältnismäßig kühl geworden.
Der GI beabsichtigt Ende März nach Westdeutschland und Frankreich zu fahren, um den Kontakt zu diesen Autoren wieder zu festigen. ...
Über die Gruppe Harich gibt es keine großen Diskussionen mehr. Bedeutend mehr diskutiert wird über die Anschauungen von Bloch, Viehweg und Behrens. Konkrete Beispiele dazu konnte der GI nicht nennen. ...

Am 9.3.57 wurde ein Treff mit dem GI »Kurt« in der KW »Georg« durchgeführt.

... Folgende Unklarheiten sind unter diesen Kreisen noch vorhanden:

1 Bauer war Chefredakteur des Ostberliner Deutschlandsenders, 1950 verhaftet, zum Tode verurteilt und zu 25 Jahren Arbeitslager in der Sowjetunion »begnadigt«.

a) welchen Charakter trug das Gespräch bei Janka zwischen Harich, Janka, Just, Zöger und Merker. Im Prozeß standen die Aussagen von Harich gegen die von Just, Zöger und Merker.
b) Helene Weigel fragte Uhse, ob Harich wirklich aus eigenem Antrieb zum Ostbüro gegangen ist.
Der GI folgerte daraus, daß das Gerücht von Just, wonach Harich im Auftrage der sowjetischen Freunde zum Ostbüro ging, größeren Kreisen bekannt sei.
c) Es tauchte die Frage auf, ob die Meinung, daß der Gen. Ulbricht seiner Funktion enthoben werden muß, strafbar ist.
Diese Frage wurde aber nach der Meinung des GI von den Gen. Ziegler und Melsheimer vor den Anwesenden des Prozesses geklärt. ...

Am 14.3.1957 wurde ein Treff mit dem GI »Kurt« in der KW »Georg« durchgeführt.

Im einzelnen berichtet der GI folgendes:
Am 13.3.1957 besuchte der französische Zeichner Jean Effel den Aufbau-Verlag. Er war mit dem inhaftierten Janka und dessen Familie eng befreundet, und es haben in der Vergangenheit gegenseitige Besuche stattgefunden. Er äußerte gegenüber dem GI seine Beunruhigung über die Verhaftung Jankas. Er war zuerst der Meinung, daß Janka verhaftet wurde, weil er für den gesamten Aufbau-Verlag verantwortlich war. Der GI hat ihm seine Bedenken zerstreut und hat ihn über den wahren Sachverhalt aufgeklärt. ...
Der GI sprach mit dem Schriftsteller Bodo Uhse über die Stimmung unter den Schriftstellern. ...
Die Schriftsteller sind mit dem Verlauf der Prozesse und dem Urteil einverstanden. Nur hin und wieder ist ein leichtes Bedauern für Harich zu verspüren. In der Angelegenheit Janka gibt es noch eine Reihe von Zweifeln. ...
Bei dem Gen. Paul Wandel fand eine Beratung über die weitere Arbeit in der Redaktion »Sonntag« statt. Hierbei wurden

folgende Vorschläge für die Neubesetzung der »Sonntagsredaktion« gemacht: Bernt von Kügelgen, Chefredakteur der Berliner Illustr., soll als Chefredakteur den »Sonntag« übernehmen. Er ist Baltendeutscher, war einige Zeit in der SA und Offizier bei der fasch. Wehrmacht und arbeitete zuletzt beim Nationalkomitee Freies Deutschland. Als Stellvertreter wurde der Gen. Fritz Heilmann, z. Z. bei der Redaktion »Freie Welt«, vorgeschlagen. ...
Nach der Verhaftung Zögers geht die Arbeit in der Redaktion »Sonntag« weiter. Es ist keine Passivität und auch kein Mitleid mit dem Inhaftierten festzustellen. ...
Von Seiten des Kulturbundes und des Aufbau-Verlages sollen Janka und Zöger fristlos entlassen werden mit der Begründung, daß sie den Verlag ausgenutzt haben, um Dinge durchzuführen, die dem Kulturbund als Trägerorganisation schadeten. ...

18. 4. 1957
Perspektivplan für den GI »Kurt«

Der GI arbeite auf Anweisung des ZK und des Ministeriums für Kultur seit Anfang dieses Jahres als provisorischer Leiter des »Aufbau-Verlages« Berlin.
Durch seine frühere Tätigkeit im Kulturbund und die als Ressortleiter im Verlag »Volk und Wissen«, Berlin, besitzt der GI zahlreiche Verbindungen zu Schriftstellern, Journalisten und verschiedenen Wissenschaftlern und Künstlern. Weiterhin besitzt er gute Verbindungen zu den Genossen der Kulturabteilung im ZK der SED, zum Ministerium für Kultur und einem großen Teil der Berliner Verlage.
Der GI hat ein gutes politisches Wissen, welches er stets in der täglichen Arbeit anwendet. Außerdem besitzt er auf literaturwissenschaftlichem Gebiet gute Kenntnisse, die es ihm ermöglichen, mit den oben angeführten Kreisen (seine Verbindungen) zu verkehren. ...
Durch seine Funktion als Verlagsleiter muß der GI erreichen,

seine bisher losen Verbindungen zu den führenden Schriftstellern, Wissenschaftlern (hauptsächlich Philosophen) und Literaturkritikern so zu festigen, daß er durch sie über alle Vorkommnisse und Diskussionen innerhalb dieser Kreise informiert wird.
Für die geplanten Dienstreisen des GI nach Westdeutschland und Frankreich erhält er den Auftrag, die von ihm aufzusuchenden Personen personell, sowie nach Möglichkeit ihre Verbindungen aufzuklären und über sie eine kurze Einschätzung anzufertigen. Diese Personen werden überprüft, um sie eventl. für bestimmte Aufgaben auf dem Verlagswesen oder innerhalb der Schriftstellerkreise einzusetzen und auszunutzen.
Der GI erhält den Auftrag, sich im Verlag (Aufbau) eine Reihe von Kontaktpersonen zu schaffen, die ihm ständig über die Situation und Stimmung im Verlag berichten. Bei der Suche derartiger Personen ist der GI von uns zu unterstützen. …

gez. Gütling
O-Feldw.

Am 22.7.1957 wurde ein Treff mit dem GI »Kurt« in seinem Dienstwagen durchgeführt.

Der GI berichtete im einzelnen folgendes:
… Bei den als Zeugen geladenen Kollegen herrscht so die Stimmung: »Na, wie viele werden diesmal dort bleiben.« Der Gen. Casper äußerte: »Ich ziehe mir lieber gleich einen warmen Anzug an.« Die Stimmung unter den übrigen Verlagsangehörigen ist sehr gedrückt und erwartend. Man merkt, daß es sie speziell interessiert und daß die lange Wartezeit eine gewisse Unruhe aufgespeichert hat. Es ist jedoch nicht zu befürchten, daß diese Stimmung in eine Panik übergeht.
Es wurde vereinbart, daß nach jedem Prozeßtag ein Treff stattfindet. Der GI meldet sich jeden Abend nach Beendigung der Verhandlungen telefonisch.

gez. Gütling
O-Feldw.

Treff mit GI »Kurt« am 23.7.1957 nach Beendigung des 1. Prozeßtages

Der GI berichtet im einzelnen folgendes:
Aus den Kreisen der Intellektuellen sind die Schriftsteller Anna Seghers und Willi Bredel sowie die Künstlerin Helene Weigel anwesend. Weiterhin nehmen vom ZK die Genossen Schlemm und Lucie Pflug sowie der Gen. Wendt vom Dietz-Verlag teil. Mit diesem Personenkreis hat sich der GI unterhalten.
Anna Seghers und Helene Weigel waren der Meinung, daß der Prozeß einen ganz anderen Charakter trägt, als der Prozeß gegen Harich. Der jetzige Prozeß wirke niederdrückend und erschütternd. Vieles wäre noch unklar und weniger faßbar. Die Angeklagten würden unter allen Umständen versuchen, sich rauszureden. Dies würde in der Hauptsache für Janka zutreffen, der jede Anschuldigung leugnet. ...
Über dem ganzen Prozeß würde bisher eine zersetzende, morbide, ungesunde und entartete Atmosphäre herrschen.
Der Meinung von Anna Seghers und Helene Weigel schloß sich auch Willi Bredel an. ...
Die abschließende Einschätzung über die Haltung der Intelligenz nach dem heutigen Prozeßtag wäre folgende:
Sie sind sehr stark erschüttert und verhalten sich noch abwartend gegenüber dem weiteren Verlauf des Prozesses.

gez. Gütling
O.-Feldw.

Betr.: Treff mit GI »Kurt« am 27.7.1957

Über den Abschluß des Prozesses gegen Janka, Just, Zöger und Wolf berichtete der GI folgendes:
Bei der Urteilsverkündung kam noch einmal sehr deutlich bei den drei anwesenden Intellektuellen die Symphatie für Janka zum Vorschein.
Man hoffte wahrscheinlich stark auf Freispruch und war deshalb auf Grund der ausgesprochenen Urteile überrascht und erregt.

Willi Bredel brachte ganz offen zum Ausdruck, daß er die ausgesprochenen Strafen für zu hoch empfindet. Anna Seghers ging nach Abschluß der Urteilsverkündung ganz nach vorn, um Janka noch einmal einen aufmunternden Blick zuzuwerfen.
Der GI ist der Auffassung, daß man jetzt von seiten der Partei sehr aktiv unter den Künstlern und Schriftstellern arbeiten müsse, um ihnen den Prozeß klarzulegen. Er selbst wird auch in Verbindung mit den Gen. Wendt und Lucie Pflug mit einigen Intellektuellen sprechen.
In den nächsten Tagen wird der GI auch vor den Parteisekretären der Berliner Verlage eine Auswertung des Prozesses auf der Parteiebene durchführen.
Über die Auswertung des Prozesses im Aufbau-Verlag berichtete der GI folgendes:
Am Freitag, dem 26. 7. 1957, fand abends im Verlag eine Parteiversammlung statt, auf der auch die Genossen Wendt und Lucie Pflug anwesend waren. Auf dieser Versammlung wurde von seiten des GI und des Gen. Wendt sehr scharfe Kritik an der bisherigen Arbeit der BPO[1] und dem Verhalten der Genossen als Zeugen vor Gericht geübt. Der GI erklärte ihnen, daß man aus diesem Prozeß entscheidende Schlüsse ziehen müsse und daß man eventl. auch einiges verändern muß, da doch bei dem Prozeß im Endergebnis die gesamte BPO auf der Anklagebank saß. ...
Auf der am Sonnabend, den 27. 7. 1957 stattgefundenen Belegschaftsversammlung war dann zu verzeichnen, daß kein einziger Genosse zur Diskussion sprach.
Durch den Genossen Wendt wurde bei dieser Versammlung der Prozeß in Bezug auf den Verlag und die Lehren daraus für die zukünftige Arbeit ausgewertet. Die Diskussion war sehr dürftig. Der Koll. F. stellte im Zusammenhang mit dem Prozeß zwei Fragen, die als sehr positiv gewertet wurden (auch in der Vortragsweise). Diese waren 1. Warum hat sich Janka nicht nach Westberlin abgesetzt, 2. Wo war die BPO, und ist die Wahl

1 Betriebsparteiorganisation

Schuberts zum Parteisekretär des Verlages nicht schon eine Machenschaft von Janka gewesen, die verheerend war.
Diese Fragen hat der Gen. Wendt vom Charakter Jankas her beantwortet. Die Auswertung und Diskussionen über diesen Prozeß und die Auswirkungen auf den Verlag sind nach Meinung des GI noch lange nicht abgeschlossen, sondern werden sich durch die gesamte Arbeit der nächsten Monate hinziehen.
Da der GI noch nicht die Möglichkeit hatte, mit einzelnen Genossen und Kollegen zu sprechen, hält er es für ratsam, daß wir uns in der nächsten Woche wieder sehen, da er dann bestimmt mehr berichten kann.

gez. Gütling
O.-Feldw.

Hauptabteilung V/1/IV Berlin, den 25.7.1957

Zum Objektvorgang

Information

Im Prozeß gegen den Rest der Harich-Gruppe, Janka u.a. vor dem Obersten Gericht, saß im Zuhörerraum neben mir Willi Bredel. Eine Bankreihe vor mir Anna Seghers und Helene Weigel. Bei der Vernehmung Jankas durch den Richter wurden im Zuhörerraum und auch von mir ab und zu Bemerkungen gemacht. Hierbei konnte ich eine empörte Haltung von Seghers, Weigel und auch teilweise Bredel feststellen. Offensichtlich lag die Sympathie des Janka auf ihrer Seite.
Weiter konnte ich am gestrigen Tage feststellen, als Willi Bredel aus seiner Aktentasche ein Notizbuch in Schweinsleder und Goldschnitt entnahm, um sich Notizen zu machen, daß es sich hierbei höchstwahrscheinlich um ein Notizbuch westdeutscher Herkunft handelt. Feststellen konnte ich das dadurch, daß der 17. Juni als Feiertag eingetragen war und dieses Buch eine Währungstabelle der kapitalistischen Länder enthielt.

gez. Paroch
U.-Ltn.

Hauptabteilung V/1 Berlin, den 18. 3. 57

Bericht

Betr.: Bredel, Willi[1]

Die Rechtsanwältin Inge Gentz teilte der Frau Janka mit, daß sie die Frau Bredel bei ihrem Zahnarzt getroffen habe.
Frau Gentz hat das Gefühl, daß die Frau Bredel »einiges weiß«.
Die Frau Janka ist der Meinung, daß der Gen. Bredel über interne Dinge nicht mit seiner Frau spricht, da sie sehr impulsiv ist und mit allen darüber spricht. Frau Gentz sagt, daß sie an einer anderen Stelle mit dem Gen. Bredel persönlich gesprochen habe, er wäre halb zurückhaltend und halb sympathisierend gewesen, sie sagt, daß der Gen. Bredel sie gefragt habe, »was ich zu der Sache sage«.
In der weiteren Unterhaltung mit der Frau Janka sagt die Inge Gentz, daß der Gen. Bredel am 23. 2. 57 sie nach folgendem gefragt hat:
»Ist das strafbar, wenn man von Hoch- und Landesverrat weiß und es nicht anzeigt?«
Frau Gentz: »Das ja, aber wer sagt denn das?«
Bredel: »Ja, ist Ihnen denn nicht das Material bekannt, welches da und da stand?«
Gentz: »Nein, das ist uns leider nicht bekannt, und das gefällt uns garnicht, daß an verschiedenen Stellen die Publikationen erscheinen.«
Bredel: »Das ist nicht schön. Es wäre unter normalen Verhältnissen auch im Westen selbstverständlich, daß man den Anwälten bei einer Pressekonferenz sagen würde, was los ist. Stattdessen schwingt er große Reden.«
An einem anderen Tag unterhielten sich die Frau Janka und der Gen. Bredel über die Fertigstellung eines Buches.

F. d. R.
Schulze
U.-Ltn.

1 Abgehörtes Telefongespräch

HA V/1/IV Berlin, den 18. 4. 1957

Treffbericht

Am 17. 4. 57 wurde, wie vereinbart, der Treff in der Zeit von 18.00 – 20.00 Uhr im HO Oranienburger Tor mit dem GI Albert Richter durchgeführt.

Der GI erschien pünktlich und berichtete folgendes:

Über Bodo Uhse berichtete er, daß dieser bis 1927 Mitglied der Nazipartei gewesen sein soll, wo er Krach gehabt hat, und danach ausgetreten ist. In seinem ersten Buch: Söldner und Soldaten[1] soll er seine Entwicklung mit verarbeitet haben.
Der Gen. Casper berichtete dem GI, als er von Leipzig zurückkam, über den dortigen Prof. Mayer folgendes: Gen. Casper und Gysi haben sich in Leipzig mit Prof. Mayer unterhalten, wo dieser sagte, daß er keine Vorlesungen mehr an der Universität in Leipzig hält, sondern zu Gastvorlesungen nach Westdeutschland fährt.
Dies ist darauf zurückzuführen, daß er im Februar einen Artikel im Sonntag veröffentlicht hat, der beinhaltet, daß die Literatur bei uns nichts mehr hergäbe und man auf die 20er Jahre zurückgreifen müßte. Diesen Artikel haben verschiedene im Sonntag kritisiert, wie Joho, Kurella und Joachim Müller. Daraufhin sollte er über den Rundfunk antworten. Die Bandaufnahme ist auch gemacht worden, nur gesendet wurde diese nicht. Daraufhin sei er beleidigt gewesen und hätte alle Vorlesungen abgebrochen. Er behauptet, daß man in 5 Jahren ihm recht geben wird.
Über den Verlagsleiter[2] sagte der GI, daß verschiedene leitende Mitarbeiter des Verlages, u. a. Casper, Gossow u. a. nicht zufrieden sind, da dieser sich nicht intensiv um den Verlag kümmert. Es werden auch dadurch verschiedene Verträge nicht eingehalten. Gysi müßte sich mehr um den Verlag kümmern und vorläufig viele andere Dinge fallen lassen.

1 gemeint ist »Söldner und Soldat« (1935)
2 Klaus Gysi

Über die Veränderungen im Verlag sagte der GI, daß Bernd von Kügelgen seine Tätigkeit als Chefredakteur des Sonntag aufgenommen hat und als sein Stellvertreter der jetzige Chefred. der Freien Welt, Fritz Heilmann, eingestellt werden soll.
Über Düwel berichtete er noch, daß ihm jemand mitgeteilt hat, daß Düwel die Verbindung zur Frau Janka, mit der er ja so eng befreundet war, abgebrochen hat. ...

gez. Voigt

Hauptabteilung V/1 Berlin, den 18.3.57

Bericht

Betr.: Johannes R. Becher

Durch vertrauliche Berichte wurde über den Obengenannten und dessen Ehefrau Lilly Becher folgendes bekannt:
Im Oktober 1952 gab es im Kulturbund heftige Diskussionen über das überhebliche Auftreten des J. R. Becher.
Zu Parteiversammlungen kam er kaum, und wenn er mal zu Versammlungen kam, las er ein Buch oder die Zeitung, als interessiere ihn die Versammlung nicht. Seinen Parteibeitrag schickte er teilweise über Postscheck der Kassiererin zu, und sein Parteidokument bewahrte seine parteilose Sekretärin im Panzerschrank auf. Als er diesbezüglich kritisiert wurde, sagte er, daß er als 60jähriger Mann, der durch verschiedene Sperren fährt, ohnmächtig werden kann und er es deshalb lieber der parteilosen Sekretärin als einer Genossin, welche eine Schlampe ist, gibt.
In dieser oder ähnlicher Art folgten weitere Diskussionen. Zu diesem Zeitpunkt ließ sich Johannes R. Becher durch den Kraftfahrer S... Wein aus dem Westsektor holen, dieser Kraftfahrer hat das im Kulturbund weiter erzählt, und es gab solche Diskussionen, wie »die Großen können so etwas machen, die Kleinen werden bestraft.« Aus einer Reihe anderer Berichte geht ebenfalls hervor, daß Johannes Becher ein starkes überhebliches Auftreten hatte.

Im Februar 1953 sprach J. R. Becher in einer überheblichen Art im Hotel Newa mit dem Kammersänger M... und dessen Ehefrau u. a. über seine Reise in die Sowjetunion. Becher machte einige Bemerkungen darüber, daß es z. B. solche schöne Hotels wie das Hotel Newa in der ganzen Sowjetunion nicht gebe usw. usf.

Weiterhin stellte Becher die Frage, warum so viele Künstler aus Dresden nach dem Westen gehen, worauf der M... geantwortet hat, daß es viele verantwortliche Leute gäbe, die ebenfalls so ein überhebliches Auftreten wie J. R. Becher hätten.

Aus weiteren Berichten ist ersichtlich, daß zwischen dem ehemaligen Leiter des Aufbau-Verlages, Walter Janka, und J. R. Becher eine teilweise gute Verbindung bestand.

Wie aus einem Bericht ersichtlich ist, hat vor ca. 14 Tagen eine Pressekonferenz stattgefunden, wo u. a. auch der Minister für Kultur, Becher gesprochen hat. Unsere Quelle hatte die Möglichkeit, das Protokoll zu lesen, er sagt, daß der Gen. Becher dort einige grobe Schnitzer gemacht habe, die er aber im einzelnen nicht sagen kann, da er das Protokoll nicht mehr hat.

Unsere Quelle sagt, daß er sich über die Rolle des Gen. Becher und des Gen. Abusch nicht im klaren ist, z. B. hätte Janka vor längerer Zeit einen Artikel veröffentlicht – »Achtung: Sowjetische Verleger.« Dieser Artikel habe eine Diskussion ausgelöst, und die Gen. Becher und Abusch haben anschließend mit Janka gesprochen, aber es hat sich nichts geändert.

Nach der Verhaftung Harichs kam Janka zum Ministerium für Kultur zu einer Sitzung, ganz bleich, wo der Gen. Becher ihn mit in sein Zimmer nahm und eine längere Unterredung mit Janka hatte.

Weiterhin hat der Janka seinen Urlaub meistens in Westdeutschland verbracht. Einmal war er in Frankreich und einmal an der Nordsee. Gen. Becher muß dies gewußt haben, anderen wurde der Aufenthaltsort Jankas nicht mitgeteilt.

Nachdem der Janka verhaftet wurde, konnte festgestellt werden, daß die Frau des Gen. Becher mit der Frau Janka Verbindung aufnahm. Im Januar 57 unterhielten sich beide Frauen,

dabei sagte die Frau Janka, daß sie sich sehr über die Geschenke gefreut habe, Frau Becher antwortet ihr darauf:
»Sie müssen den Kopf hochhalten, und wenn etwas ist, vergessen Sie bitte nicht, daß ich Ihr Freund bin.«
Über diese Verbindung spricht Frau Janka auch zu anderen Personen und hebt besonders die »Warmherzigkeit« der Frau Becher hervor.

F. d. R.
Schulze

Hauptabteilung V/1/IV Berlin, den 25. 7. 1957

Treffbericht

Treff mit GI »Albert Richter«

... Über den Prozeß berichtete er folgendes:
Als Zeugen wurden gestern vom Aufbau-Verlag Günter Schubert, Casper und Düwel vernommen. Seidel, Schröder und die Voigtländer wurden wieder weggeschickt, da man auf ihre Aussagen verzichtete. Nach der Vernehmung sagte Düwel, daß er anfangs sehr unsicher gewesen sei, sich dann aber wieder gefangen habe. Welche Fragen man ihm gestellt habe, berichtete er nicht.
Während der Unterhaltung der Zeugen untereinander wurde das Gerücht verbreitet, daß die Verteidigung am 1. Verhandlungstage gesagt hat, daß sie auf Freispruch plädieren wollen. GI erfuhr dies von Düwel. Der stellv. Cheflektor des Aufbau-Verlages, Goldammer sagte, daß er nicht an einen Freispruch denke, da ja Janka viel mehr von der ganzen Sache weiß als die Giersch, die damals freigesprochen wurde und fast gar nichts wußte. Er sagte weiter, daß es aber feststeht, daß Janka nichts zugeben wird, was man ihm nicht unmittelbar beweisen kann. Nach der Vernehmung von Casper sagte dieser, daß Janka abstreitet, daß Schubert ihm eines Tages am Mittagstisch berichtet hat, daß Harich seine Pläne durch den RIAS bringen

will. Da er selbst an diesem Gespräch teilgenommen hat, hat er dies auch dem Gericht gesagt. Er befragte Schubert, ob dieser auch danach gefragt wurde, worauf ihm Schubert sagte, Janka stritt dies ab, er aber hat gesagt, daß er ihm das mitgeteilt hat. Der Zeuge Wenzel, Joachim, vom »Sonntag«, sagte nach der Vernehmung, daß ihn der Gen. Melsheimer gefragt habe, ob Just und Zöger bewußt die feindliche Linie in die Zeitschrift »Sonntag« gebracht haben. Der GI erhielt den Auftrag, heute im Verlag die Stimmung zu erforschen, besonders soll er mit Casper, Düwel und Goldammer sprechen.
Der nächste Treff wurde für Freitag, den 26. 7. 57, 8.00 Uhr an der Ecke Tucholskystr./Oranienburgerstr. festgelegt.

gefertigt: 2 Exemplare
1. GI-Akte
1 Auswertung

gez. Voigt

Treff mit GI »Kurt« am 17. 5. 57 in dessen Dienstwagen

... Weiterhin berichtete der GI, daß vor einigen Tagen Johannes von Guenther (Nationalpreisträger, wohnhaft in Westdeutschland – ist ein Autor des Verlages) zu Verhandlungen über verschiedene Probleme der weiteren Zusammenarbeit den Verlag aufsuchte. Bei dem Gespräch zwischen dem GI und J. v. Guenther kam man auch auf die Verhaftung von Janka zu sprechen, und Guenther brachte ganz offen sein Entsetzen darüber zum Ausdruck. Er berichtete dem GI, daß die Frau von Thomas Mann, Katia Mann, Hermann Hesse und er, sowie die Verleger Suhrkamp, Fischer und Robold[1] gemeinsam ein Telegramm verfaßt haben, welches sie an den Ministerpräsidenten Otto Grotewohl abgeschickt haben. In diesem Telegramm hätten sie zum Ausdruck gebracht, wie sie Janka kennengelernt haben und daß sie ihm irgendeine verbrecherische Tat nicht zutrauen.

1 gemeint ist Rowohlt

Dieses Telegramm wäre bei uns jedoch weder veröffentlicht worden, noch hätten sie eine Antwort darauf erhalten. Es wäre dadurch bei den Unterzeichnern eine gewisse Verärgerung eingetreten, so daß Katia Mann schon die Absicht hatte, dieses Telegramm in der Weltpresse zu veröffentlichen. Er (J. v. Guenther) habe jedoch von diesem Unternehmen abgeraten und vorgeschlagen, daß er sich bei seiner Reise in die DDR über den genauen Sachverhalt und die näheren Umstände informieren wird. – Der GI hat versucht, über das Problem Harich – Janka weitgehend Klarheit zu verschaffen und hat Guenther außerdem noch zu Minister Becher vermittelt. Von dem Gespräch mit Becher war Guenther sehr beeindruckt und hat erklärt, daß ihm der Fall Janka jetzt viel klarer sei. Er ist aber trotzdem gespannt, was der Prozeß gegen Janka bringen wird.
In diesem Zusammenhang äußerte der GI noch, daß dem Verlag für die Zusammenarbeit mit den westdeutschen Autoren und Verlegern z. Zt. jegliche finanziellen Mittel fehlen. Dies könnte evtl. dazu führen, daß sich die westdeutschen Mitarbeiter von uns abwenden, daß sie verärgert werden und sich zu Maßnahmen hingeben, die unserem Staat und seinem Ansehen schaden könnten. ...

gez. Gütling
O.-Feldw.

Treff mit GI »Kurt« am 24. 7. 1957 nach Beendigung des 2. Prozeßtages

... Die Zeugenvernehmung des Harich wurde von den anwesenden Genossen als furchtbar empfunden. Durch das viele Gerede des Harich wäre nach Meinung der Anwesenden die Anklage in einigen Punkten fast ins Wanken gebracht worden, da er durch seine oft unklare Ausdrucksweise verschiedene Punkte verwischte. ...
Über die Stimmung im Zuschauerraum berichtete der GI folgendes: Zöger spielt bei den anwesenden Intellektuellen nach wie vor keine Rolle. Der Angeklagte Just ist bei ihnen auf Grund der

angeführten Beweise, sowie auf Grund seines Auftretens völlig abgeschrieben. Den Angeklagten Wolf bezeichnen diese Kreise als »Lieblingskind« des Generalstaatsanwaltes, da er so gute Aussagen gemacht hat.
Harich wird auf Grund seines Geredes von den Intellektuellen als Psychopath bezeichnet. Dadurch, daß Harich bei seinen Aussagen einiges verwischte und Janka weiterhin log, ist das Ansehen von Janka bei diesen drei Intellektuellen noch nicht im geringsten gefährdet, im Gegenteil, eher noch gestiegen. Durch Zwischenbemerkungen dieser Kreise bei der Vernehmung Harichs konnte man erkennen, daß sie gegen Harich als Hauptbelastungszeugen waren und für Janka eintraten.
Willi Bredel äußerte bei der Vernehmung des Harich, daß man von ihm (Harich) noch viel in Fragen von Geschichten- und Märchenerzählen lernen könne.
Der GI ist der Meinung, daß die Einstellung der Intellektuellen für Janka auch daraus resultiert, daß sie die vielen Zusammenhänge nicht kennen und evtl. auch nicht verstehen wollen. ...
Im Lektorat und der Redaktion »Sonntag« herrscht eine Panikstimmung, da der größte Teil von ihnen als Zeugen geladen sind und man der Meinung ist, daß evtl. aus diesem Prozeß ein neuer hervorgehen würde.

gez. Gütling
O.-Feldw.

Treff mit GI »Kurt« am 26. 7. 1957

Der GI berichtete folgendes über die Stimmung nach dem dritten Prozeßtag:
Anna Seghers und Helene Weigel sind noch keineswegs völlig von dem Prozeß und der Schuld Jankas überzeugt. Sie kommen noch mit vielerlei Vorwänden, die auch bei Willi Bredel vorhanden sind. Aus den Bemerkungen und Unterhaltungen ist zu entnehmen, daß sie noch immer große Sympathien für Janka aufbringen. Der GI ist der Meinung, daß es bei einem Prozeß immer darauf ankommt, wie es bei den Zuschauern aufgenom-

men und ausgelegt wird. Diese Frage scheint bei diesen Intellektuellen von Entscheidung zu sein, da sie doch mit gewissen Vorurteilen hingegangen sind. In dem Verhalten dieser drei Leute käme das alte Mißtrauen gegen die Justiz zum Ausdruck, was wahrscheinlich eine große Rolle bei ihrer Einschätzung des Prozesses mit spielt.
Weiterhin ist aus ihren Äußerungen zu entnehmen, daß Harich der große »Schuft« ist, weil er alle Angeklagten so schwer belastet hat.
Trotz der vorhandenen Vorbehalte und Unklarheiten, sowie einer gewissen Reserviertheit konnte der GI doch feststellen, daß z. B. Anna Seghers bereit ist, sich die Diskussionsargumente von den anwesenden Genossen geben zu lassen. Sie trat gestern an den GI heran und fragte ihn, was sie ihrem Fahrer sagen soll, da dieser nach dem Prozeß fragt. Dies ist ein Zeichen dafür, daß sie durch ihre Voreingenommenheit nicht in der Lage ist, den Prozeß richtig einzuschätzen. ...
Die ehemalige Clique um Janka, hauptsächlich einige Frauen, stehen im Augenblick sehr in Opposition und sind in eine Art Panikstimmung verfallen. Sie bezeichnen Harich als großen Lumpen, da er den Janka so belastet hat. ...

gez. Gütling
O.-Feldw.

Treff mit dem GI »Kurt« am 6. 8. 1957 in dessen Dienstwagen

... Weiterhin berichtete der GI, daß er mit dem Koll. Goldammer gesprochen habe (auf Grund des Artikels in der Westpresse über die Aussage des G. beim Janka-Prozeß) und daß dieser ihm wegen dem Hinweis sehr dankbar gewesen sei. Einen Tag später wäre er dann noch einmal zu dem GI gekommen und hätte gesagt, er habe sich noch einmal alles durch den Kopf gehen lassen. Er habe bei dieser Sache keine Ruhe und überlegt immer, ob es nicht gar vom Verlag aus nach Westdeutschland gegangen ist, da doch derartiges in unserer Presse gar nicht gestanden habe.

In diesem Zusammenhang kommt dem GI das Verhalten von dem Mitarbeiter Rolf Schneider (Zeitschrift »Aufbau«) äußerst merkwürdig vor. Schneider kam am Montag nach dem Prozeß an und erklärte, daß in der Westpresse gestanden habe, daß der Koll. Goldammer die ganze Angelegenheit mit Harich und Janka durch seine Mitteilung an den Parteisekretär aufgedeckt habe und daß dies doch merkwürdig wäre. Er würde sehr stark vermuten, daß dies nur aus dem Verlag nach drüben gelangen könnte und er wüßte schon, wer dies gewesen sein könnte.
Diese Haltung wurde auch von den anderen Genossen des Verlages als sehr merkwürdig empfunden. Denn woher weiß Schneider von diesem Artikel und was will er mit dieser Äußerung bezwecken. ...

gez. Gütling
O.-Feldw.

Hauptabteilung V — Berlin, den 1.8.1957

Streng vertraulich

Betr.: Material zu Komplex III. – Umfang der Gruppierung

Aus dem mir vorliegenden Material ergeben sich folgende Personen, die in irgendeiner Beziehung zu Angehörigen der staatsfeindlichen Gruppierung, insbesondere zu Janka, standen. (Das Material betrifft ausschließlich die Zeit nach der Inhaftierung Jankas):
Der Personenkreis, der Beziehungen zu Janka unterhielt, setzt sich aus fünf Gruppen zusammen, nämlich aus:

1. Personen, deren objektives Verhältnis zu Janka durch ihre politisch-gesellschaftliche Funktion als Vorgesetzter bestimmt wird
2. Personen, mit denen Janka Verbindungen durch die Emigration gewann
3. Personen, die Beziehungen zu Janka infolge seiner Funktion als Verlagsleiter unterhielten

4. Personen, deren Beziehungen zu Janka durch seine Funktion als Vorgesetzter bestimmt werden
5. Personen, deren Beziehungen vorwiegend auf der Basis persönlicher Freundschaft bzw. Nachbarschaft beruhen.

Die ideologische Gemeinschaft der genannten Personenkreise mit Janka ist differenziert, aber im Prinzip in jedem Falle vorhanden. Das kommt nach der Inhaftierung Jankas vor allem in den von diesen Personen geäußerten Ansichten zur Person Janka und zu dessen staats- und parteifeindlicher Tätigkeit, in der ständigen Betonung der Solidarität mit Janka und in dem Bemühen, Janka auf jede erdenkliche Weise zu unterstützen, zum Ausdruck. In bestimmtem Umfange ist kennzeichnend, daß einzelne Funktionäre sich persönlich weniger festlegen und ihre Auffassungen durch ihre Frauen (gegenüber Frau Janka) vertreten lassen.

Zur 1. Gruppe gehören vor allem Johannes R. Becher und in bestimmtem Maße auch Paul Wandel. Beide haben, vor allem Becher, Ziele der ideologischen Auffassung der Gruppe Harich-Janka gekannt und sind ihr nicht mit der notwendigen Konsequenz entgegengetreten. Becher hat sogar eine Reihe Bemühungen unternommen, um die Tätigkeit der Gruppierung zu fördern.

Nach der Festnahme Jankas wurde von seinen Freunden und seiner Frau vor allem von diesen beiden Hilfe für Janka erwartet. Während Wandel diese nicht gewährte, sagte Frau Janka über Becher:

»Becher hat zu mir im Dezember gesagt, bleiben Sie zu Hause, hüten Sie Ihre Kinder, die Sache kommt in Ordnung, alles andere machen wir.«

Frau Becher schrieb an Frau Janka einen Brief und übersandte für deren Kinder Geschenke. Sie sagte zu Frau Janka, wobei sie Grüße an deren Mann bestellte:

»Vergessen Sie nicht, daß ich Ihr Freund bin.«

Zur 2. Gruppe gehören vor allem folgende Personen:

Bodo Uhse und seine Frau Alma
Anna Seghers

Gerhardt Eisler und seine Frau Hilde
Hanns Eisler
Arnold Zweig
Helene Weigel-Brecht

Von allen Personen wird betont, daß Janka unschuldig sei. Seghers und Zweig versprechen, alles zu tun zur Freilassung Jankas. G. Eisler und H. Weigel-Brecht bieten Frau Janka Hilfe an. Uhse lädt Frau Janka mehreremale zu Zusammenkünften in seine Wohnung ein.

Kennzeichnend ist ein Ausspruch der Seghers:

»Seine Freunde und meine Freunde sind außerordentlich solidarisch, kameradschaftlich und aktiv.«

Zur 3. Gruppe gehören vor allem:

Willi Bredel
Jürgen Kuczynski
Ernst Bloch und Frau Käte[1]
Kurt Stern und Frau Jeanne
Arnolt Bronnen

Diese Beziehungen beruhen meist auf der Grundlage der Verbindung durch den Aufbau-Verlag, wobei in einzelnen Fällen die Sympathieerklärungen für Janka durchaus als Sympathieerklärungen auch für seine Haltung zu werten sind.

Kennzeichnend ist Bredels Erklärung gegenüber Frau Janka, wo er sagt, sie solle ihrem Mann viele Grüße ausrichten und er, Bredel, sei über die Sache sehr beeindruckt.

Über die genannten Personen hinaus wurden von Frau Janka und ihren Freunden folgende Schriftsteller genannt, die Sympathieerklärungen für Janka abgaben:

Leonhard Frank
Günther Weisenborn
Louis Aragon
und Johannes von Guenther

Zur 4. Gruppe gehören vor allem

Agathe Bernhardt

1 richtig: Karola

Wolf Düwel und Frau Gudrun
Max Schröder und Frau Edith
Günter Casper

(Ihre Beziehungen zu Janka sind aus dem Vorgang hinreichend bekannt).

zur 5. Gruppe gehören

Alexander Lösche und Frau Gisela
Herbert Nachbar (Schriftsteller)

Die Verbindung Nachbar zu Janka hat wohl sachliche Hintergründe und ist sehr intensiv, wie aus der Aufrechterhaltung des Kontakts zu Frau Janka zu entnehmen ist. Nachbar glaubt nicht an Jankas Schuld und meint, daß sich alles aufklären werde. Die Verbindung der Frau Janka zur Frau Lösche (ebenfalls in Kleinmachnow wohnhaft) ist die wohl intensivste von allen, (wenn man von der Sekretärin Bernhardt absieht). Frau Lösche wird über alle Weiterentwicklungen informiert und bestärkt Frau Janka in ihren Auffassungen.

Schlußbemerkung

Dem Material ist zu entnehmen, daß der Kreis der Freunde und Sympathisierenden um Janka sich mit der Weiterentwicklung der Angelegenheit etwas verengte in dem Sinne, daß einige Personen ihre Beziehungen zu Frau Janka wesentlich einschränkten und sich bemühten, sich im Fall Janka nicht all zu sehr zu exponieren.

Zu diesen Personen sind zu rechnen:

Anna Seghers
Bodo Uhse
Willi Bredel
Wolf Düwel
Günter Casper

Während seines Gespräches mit Johannes von Guenther, ca. 70 Jahre, Nationalpreisträger und Übersetzer für Russisch für den Aufbau-Verlag, konnte der GI Kurt in Erfahrung bringen, daß Janka 4 große Verbündete im Westen besitzen würde.

Dies sei er (J. v. Guenther), der dänische[1] Schriftsteller Laxness, der in der Schweiz lebende Schriftsteller Hermann Hesse und die Witwe von Thomas Mann, Katja Mann. Diese Gruppe will zu einem geeigneten Zeitpunkt ein Gnadengesuch zur Freilassung Jankas an die Regierung richten. Aus diesem Grunde halten sie untereinander Kontakt und korrespondieren deswegen.
Weiter konnte der GI in Erfahrung bringen, daß die Frau von Janka zu v. Guenther Verbindung unterhält und ihm mitteilte, daß es Janka im Gefängnis sehr schlecht gehen würde. Auch wurde weiter dem GI bekannt, daß Laxness sehr wütend sei, da er an unseren Staatspräsidenten Wilhelm Pieck einen Brief wegen Janka geschrieben habe und keine Antwort erhalten hätte.

gez.: Gütling

Berlin, den 24. 7. 1957

Abhören der Telefonate unter der Bezeichnung »Anna«[2]

Bericht

Betr.: Verbindungen der Janka, Charlotte

Nach der Festnahme des Janka, Walter, wurde festgestellt, daß seine Ehefrau, Janka, Charlotte, mit einer großen Anzahl von Personen, die sich aus dem Bekanntenkreis des Janka aufgrund seiner früheren Stellung zusammensetzt, in Verbindung steht.
Dieser Personenkreis verhielt sich gegenüber der Janka unterschiedlich. Ein Teil davon bestärkt die Janka bis heute darin, daß ihr Mann angeblich zu Unrecht inhaftiert wurde, während der andere Teil sich in der ersten Zeit nach der Festnahme des Janka so verhielt, daß er sich mehrmalig bei der Frau des Janka nach dem Befinden ihres Mannes erkundigte und ihr

1 muß heißen: der isländische Schriftsteller
2 Die Privat- und Dienstanschlüsse von Janka wurden seit 1950 bis zur Wende 1989 abgehört.

Hilfe in jeder Beziehung anbot. Dieser letztgenannte Teil der Bekannten der Janka hat sich nach dem Prozeß gegen Harich, soweit uns bekannt ist, zurückgezogen, worüber die Janka empört ist.
Am aktivsten tritt bezüglich der Beeinflußung der Janka die

Gentz, Ingeborg
Rechtsanwältin und Notarin
wh. Kleinmachnow

in Erscheinung.
Die Verbindungen der Gentz zu der Janka sind sehr eng und freundschaftlich. Sie treffen sich sehr häufig und sprechen oft miteinander. Die G. bestärkt die Janka laufend in ihrer Auffassung, daß ihr Ehemann angeblich schuldlos sei und demzufolge die Inhaftierung ein Irrtum wäre. Sie versucht auf allen möglichen Wegen, Näheres über den Fortgang der Untersuchung in Erfahrung zu bringen, teilt der Janka alles ihr Bekannte mit und gibt der Janka Ratschläge, wie sie sich weiter verhalten soll.
Einige typische Beispiele zeigen das Verhalten der Gentz.
Am 2.1.57 unterhält sich die Gentz mit der Janka über die Verhaftung des J. Es wird davon gesprochen, daß das Material über die Verhafteten erdrückend wäre. Die Gentz antwortet daraufhin, »was heißt erdrückend, das sind doch alles nur Reden, das kann man ja alles frisieren.«
Die Janka berichtet der Gentz, wie angeblich Janka in der Untersuchungsanstalt untergebracht ist. Die Gentz erwidert darauf: »Das ist alles möglich, das ist vollkommen möglich so, na ja, das sind ja auch nicht so wichtige Punkte, also viel wichtiger ist, ihn rauszukriegen, zeitig rauszukriegen und viel wichtiger ist, daß noch irgendwelche Dinge sich ereignen, die den Prozeß nicht zustandekommen lassen.«
Am 20.3.57 unterhalten sich die Gentz und Janka darüber, daß die Janka zur Partei geladen sei. Die Partei sei der Meinung, daß die Janka jetzt nach dem Prozeß gegen Harich doch ihre Meinung geändert haben müßte. Die Gentz sagt, »das ist zu verfrüht, und wenn du (Janka) Bedenken hast, legen wir das sogar schriftlich fest.« In der weiteren Unterhaltung wird davon

gesprochen, daß ein anderer Genosse den Janka für schuldig hält. Darauf antwortet die Gentz: »Ich meine, das ist ja schon allemal klar, daß das ein Irrtum ist.«
Am 21.3.57 spricht Frau Janka mit der Gentz. Dabei sagt die J., daß der Brief anläßlich des Geburtstages der Janka noch nicht angekommen wäre. Die J. fragt, ob es nicht möglich wäre, daß der Brief verloren gegangen sei. Die Gentz antwortet darauf, daß der Brief nicht verloren gegangen sei, sondern die Leute schwindeln, sie sagen sie hätten ihn abgeschickt und dabei ist er noch gar nicht weg.
Am 29.3.57 unterhält sich die Janka mit der Gentz über die evtl. Möglichkeit, daß ihr Mann doch einige Jahre inhaftiert werden würde. Die Gentz sagt daraufhin, »es ist ja noch nicht soweit. Man kann sehen, es zu verhindern, und wenn ein Urteil ergeht, sagen wir über 2 Jahre, dann ist es noch nicht sicher, ob er seine Zeit absitzen muß.«
Am 24.4.57 berichtete die Janka der Gentz, daß sie diesen Monat noch keinen Brief von ihrem Mann bekommen habe, worauf die G. antwortete: »Ich weiß ja nicht, die Staatssicherheit macht ja sowieso, was sie will, sie richtet sich auch nicht nach den Vorschriften für Untersuchungsgefangene.«
Am 1.7.57 berichtete die Gentz der Janka, daß sie jemand vom Aufbau-Verlag getroffen hat, der zum Todestag von Thomas Mann nach Zürich fährt. In diesem Zusammenhang sagte sie weiter: »So viel Quatsch machen die. Wahrscheinlich werden die Manns sagen, wir pfeifen auf den Todestag, wenn ihr vernünftiger wäret.«
Am 17.7.57 unterhält sich Frau Gentz mit Rechtsanwalt Wolff über den bevorstehenden Prozeß. Die G. interessiert sich besonders für die Anklageschrift und will sich, da Wolff die Angeklageschrift kennt, mit ihm ausführlich darüber unterhalten. Zu diesem Zweck verabreden sie für den nächsten Tag eine Zusammenkunft. Sie unterhalten sich weiter darüber, daß die Janka keine Karte zur Teilnahme am Prozeß bekommen habe. Die G. bezeichnet das als absolut ungesetzlich und als einen Übergriff. Wolff bittet die G. darum, den Zeitpunkt des Termins

und alles was damit zusammenhängt, nicht so sehr zu publizieren. Die G. antwortet ihm daraufhin: »... jetzt wird es immer schöner, es ist alles sehr faul, es ist alles sehr schlecht.« ...
Weiter besteht enge Verbindung zu der

Lösche, Gisela, wh. Kleinmachnow.

Der Ehemann der Lösche, Alexander Lösche, ist Produktionsleiter beim DEFA-Studio für Spielfilme.
Es besteht eine fast tägliche Verbindung untereinander, wobei die Janka die Lösche über alle Dinge informiert, die im Zusammenhang mit dem Untersuchungsverfahren gegen Janka bekannt werden.
Am 13.12.56 berichtet die Janka der Lösche, daß sie bei Prof. Brugsch war und dieser ihr gesagt hätte, daß ihr Mann mit Verhören nicht überanstrengt wird und auch an die frische Luft kommt. Daraufhin antwortete die Lösche: »An die frische Luft kommen und so – das kennen wir ja. Das wird immer so hingestellt, als wäre es ein Sanatorium.«
Weiterhin sagte die J., daß sie erfahren hat, daß ihr Mann beschuldigt wird, sich für die Restaurierung des Kapitalismus eingesetzt zu haben. Die L. sagte dazu, daß es aber doch großer Blödsinn wäre, so etwas von so einem Mann zu denken.
Am 12.2.57 berichtete sie der Lösche, daß ihr Mann immer noch keine Schreiberlaubnis habe, worauf die L. antwortete: »Mein Gott, das ist ja lächerlich, es ist doch gar nichts weiter bei, denn was er schreibt, können sie sich ja durchlesen. Sie lassen einen so richtig fühlen, daß man darunter leidet.«
Am 9.3.57 unterhält sich die Janka mit der Lösche über den Prozeß gegen Harich. Dabei spricht die Janka von der Festnahme des Wolf, Just und Zöger im Gerichtssaal. Die Lösche antwortete ihr darauf, daß das ein verfluchter Blödsinn wäre und daß man jetzt wohl das Feld aufräumen will. Daß die jetzt Verhafteten nicht geflüchtet sind, sei doch ein Beweis ihrer Unschuld.
Am 23.3.57 unterhält sich die Lösche mit der Janka. Dabei berichtet ihr die J. über den Brief, den der Janka aus der Untersuchung geschrieben hat. Die Lösche sagt der Janka, daß sie

im nächsten Brief mit erwähnen soll, daß die Familie Lösche Grüße bestellt und äußert sich dazu, daß es gut wäre, wenn Janka weiß, daß viele da sind, die an ihn denken, und es sind immer wieder andere Namen.
Die Verbindung der Lösche zu der Janka besteht in diesem Sinne bis heute noch.
Die ehemalige Sekretärin des Janka im Aufbau-Verlag
Bernhardt, Agathe (Gabi)
wh. Berlin
steht mit der Frau des verhafteten Janka laufend in Verbindung. Sie treffen sich, die B. besucht die Janka in der Wohnung und teilt ihr, soweit die Janka Interesse hat, alles Neue über den Verlag mit. In der ersten Zeit nach der Festnahme sprachen sie fast täglich miteinander. Jetzt sind die Unterhaltungen nicht mehr täglich.
Am 14.12.56 sprach die Janka mit der Bernhardt und bat sie, dem Staatsanwalt Jahnke 100 Zigaretten für ihren Mann zu übergeben, was die Bernhardt dann auch tat.
Am 29.12.56 sprachen beide über den verhafteten Janka. Die J. sagte, daß sie für ihren Mann Sachen abgeben will, da es dort bestimmt nicht allzu warm sei. Dabei sagte die Janka auf eine Frage der B., daß ihr Mann bestimmt nicht in einem Zimmer, sondern in einer Zelle untergebracht ist. Die Bernhardt war darüber sehr entsetzt und sagte, »was hat unser Chef in einer Zelle zu suchen, jeden Tag denkt man daran von morgens bis abends«. Gleichzeitig wünschte die B. der J. ein frohes neues Jahr und sagte dazu, daß sie sich wünscht, daß ihr Chef im nächsten Jahr zurückkommt.
Am 14.2.57 unterhalten sich die Bernhardt und die Janka über die Sachen des Janka, die man seiner Frau aus dem Verlag zugestellt hat. Dabei sagt die B., daß das ein trauriger Nachlaß war. Die Janka äußerte sich, daß diese Zeit auch vorüber gehen werde und eine andere käme. Die Bernhardt pflichtet ihr bei, daß eine andere, eine bessere Zeit kommen wird.
Weitere Verbindungen sind:

Düwel, Wolf
wh. Kleinmachnow
stellv. Cheflektor im Aufbau-Verlag

Zur Familie Düwel unterhielt die Janka in der ersten Zeit nach der Verhaftung ihres Mannes sehr enge Verbindung. Die Janka informierte die Familie Düwel über den jeweiligen Stand der Untersuchungen und Düwel andererseits die Janka über Vorkommnisse im Verlag. Düwel war einer der Initiatoren des Aufbau-Verlages, die sich laufend bei Staatsanwalt Jahnke über den Fortgang der Untersuchungen informieren wollten.

Nach unseren Feststellungen brach Düwel in der Zeit von April bis Anfang Juni die Verbindung zu der Janka ab und begründete dies damit, daß er mit Arbeiten überlastet wäre.

Am 19.1.57 berichtete er der J., daß er am vorhergehenden Tage bei der Staatssicherheit zur Zeugenvernehmung gewesen ist, die sich über 9 Stunden hinzog. Auf die Frage der Janka, warum er nicht dagegen protestiert hätte, sagte er, daß dies keinen Zweck gehabt hätte, er wolle dem Obersten Staatsanwalt schreiben, daß der ganze Prozeß an Ernst verliert, wenn eine solche Art von Verhör stattfindet. Weiterhin sagte er, daß er am Schluß der Vernehmung an der Grenze seiner physischen Leistungskraft war, aber alles sehr vorsichtig gesagt hätte.

Im Verlag gibt sich Düwel nach dem Harich-Prozeß sehr fortschrittlich, und in seinen Gesprächen und Diskussionen vertritt er ständig die Linie unserer Partei. Vor der Durchführung des Prozesses gegen Janka sagte Düwel, daß er sich nochmals alles überlegen will, daß er beim Prozeß, wo er als Zeuge auftreten wird, seine Fragen genau und präzise beantworten kann.

Casper, Günter
wh. Berlin
Stellv. Cheflektor des Aufbau-Verlages

Casper, der vor der Verhaftung von Janka sehr engen Kontakt mit diesem gehabt hat, zog sich nachdem von der politischen Arbeit im Verlag zurück. Seine Verbindungen zu der Frau Janka waren lose. Frau Janka sagt darüber selbst, daß Casper nach der Verhaftung ihres Mannes sehr zurückgezogen lebt, seine

Meinung aber wahrscheinlich nicht geändert hat. Casper hat sich mit der Frau J. nach der Verhaftung von J. ca. alle 6–8 Wochen einmal getroffen.

Nachbar, Herbert
wh. Berlin
freischaffender Schriftsteller

Nachbar sprach des öfteren mit der Janka, wobei er zum Ausdruck brachte, daß er nicht glaubt, daß Janka schuldig ist und sich alles durch den Prozeß aufklären muß.

Am 13.12.56 berichtete die Janka dem N., daß es keine richtige Freude wäre ohne ihren Mann. Der N. erwiderte darauf, daß er sich nochmal alles hat durch den Kopf gehen lassen und sich die Sache während des Prozesses schon aufklären wird.

Am 27.4.57 sagte N. in einer Unterhaltung mit der J., daß er nicht versteht, daß sie so wenig Post bekommt bzw. so wenig schreiben kann, aber Sorgen soll sie sich nicht machen.

Schröder, Edith
wh. Berlin
Frau des Cheflektors Max Schröder vom Aufbau-Verlag

Da der Ehemann der Schröder, Edith, schwer erkrankt war und im Krankenhaus lag, setzte sich Frau Janka mit der genannten Edith in Verbindung. Sie trafen sich insgesamt 3 – 4 Mal, wobei zu erwähnen ist, daß sie meistens von der Edith eingeladen wurde.

Am 3.7.57 berichtete die Janka der Edith, daß sie ihren Ehemann im Verlag fristlos entlassen hätten, worauf die Edith antwortete, daß es scheußlich sei. Als die Janka über ihre finanziellen Sorgen sprach, sagte die Edith, daß sie es ihr doch hätte mitteilen sollen. Am Schluß der Unterhaltung teilte die Janka noch mit, daß es jetzt nur noch sehr wenig Leute gäbe, die sich für sie und ihren Mann interessieren würden. Die Edith sagte dazu, daß sie ihr überhaupt nicht böse sei, sondern sehr erschüttert über diese Nachricht ist und man sich etwas ausdenken muß.

Nachstehend einige Verbindungen der Janka, die, soweit uns bekannt ist, nach der Durchführung des Prozesses gegen Harich sich nicht mehr offiziell an die Janka gewandt haben.

Becher, Lilly
wh. Berlin-Niederschönhausen
Ehefrau des Ministers Becher

Aus einer Äußerung der Janka ist zu entnehmen, daß die Becher kurz nach der Verhaftung des Janka ihr einen Brief und für ihre Kinder Geschenke geschickt hat, worüber sie sehr erschüttert war.

Am 16.1.57 unterhielt sich die Janka mit Lilly Becher, wo sie sich für die Geschenke und den Brief bedankt. Frau Becher sagt, daß die Janka nie vergessen soll, daß sie ihr Freund sei und daß sie Grüße an ihren Mann von ihr bestellen soll.

Zweig, Arnold
wh. Berlin
Schriftsteller

In einer Unterhaltung am 25.2.57 bestellt die Janka Grüße ihres Mannes an Zweig. Weiter bedankt sich die J. über den von Zweig an Janka geschriebenen Brief und das Heft »Sinn und Form«, welches Z. über die Volkskammer an J. geschickt hat. Als die Janka dem Zweig berichtete, daß es ihrem Mann gesundheitlich nicht gut gehe, sagte Zweig, man müsse diese Sache schnell beenden. Weiter äußerte sich Zweig auf den Hinweis der Janka, daß man das Vertrauen zu ihrem Mann nicht verlieren dürfe, weil es dafür keinen Grund gäbe, daß er das Vertrauen zu J. nie verlieren würde. Die Schwierigkeit dabei ist nur, daß man zu früh zugepackt hat, ehe man probierte, was eigentlich los sei.

Seghers, Anna
wh. Berlin

Am 7.12.56 sprach die Janka mit der Seghers. Die S. versichert der J., daß sie nicht allein sei, sondern alles getan wird, um viel zu erfahren. Weiterhin sagte sie: »Seine Freunde und meine Freunde sind außerordentlich solidarisch, kameradschaftlich und aktiv.« Frau Seghers betont, daß die J. sie über alles informieren soll. Sie gibt ihr den Rat, daß sie sich an die Partei und den Gen. Becher wenden soll. Auch sie will mit Becher sprechen, da er ja Janka sehr schätzt. Zum Schluß der Unterhaltung sagte sie, daß sie mit 2 Genossen des Aufbau-Verlages zum ZK gehen will.

Uhse, Bodo
Schriftsteller

Uhse hat die Janka am 13.12.56, 23.1.57 und 21.2.57 in seine Wohnung nach Niederschönhausen bzw. mit Mittagessen in den Presseclub eingeladen.

Bredel, Willi
Schriftsteller

Bredel erkundigte sich einmal bei der Janka nach ihrem Mann. Die Gentz erzählte der Janka, daß sie den Bredel getroffen hätte, welcher ihr folgendes erzählte: Wenn sie Janka besucht, soll sie recht viele Grüße von ihm ausrichten, und er sei über die Sache sehr bedrückt.

Eisler, Hilde
wh. Berlin
Ehefrau des Eisler, Gerhart

Am 11.12.56 sprach die Eisler mit der Janka und bestellte ihr viele Grüße von ihrem Ehemann, und er läßt sagen, daß sie sich unbedingt an ihn wenden soll, wenn sie etwas braucht. Frau Eisler fordert die Janka auf, wenn sie nach Berlin kommt, sie zu besuchen.

Bloch, Käte[1]
wh. Leipzig
Frau des Prof. Bloch

Am 7.12.56 teilte die Janka der Bloch mit, daß ihr Mann verhaftet und ihre Wohnung durchsucht wurde. Frau Bloch war sehr teilnahmsvoll und sagte, daß sie ihren Mann von dieser Angelegenheit unterrichten werde. Beide vereinbarten einen Treffpunkt in Berlin, wo Bloch mit der Janka zusammentreffen kann.

In einer Unterhaltung am 24.4.57 teilte die Rechtsanwältin Gentz der Janka mit, auf welche Leute sich ihr Ehemann nicht mehr verlassen kann. Dabei nennt sie die Namen von Anna Seghers, Bodo Uhse, Willi Bredel, Günter Casper und Wolf Düwel. Sie bezeichnet diese Personen als Feiglinge, da sie nicht mehr zu Janka stehen würden.

1 richtig: Karola

Dieser Bericht wurde aus vertraulichen Materialien zusammengestellt.

Treff mit GI »Kurt« am 3. 9. 1958 in der KW »Störlitz«

... Kunert, Günther, hat in der Reihe des Aufbau-Verlages einen Gedichtband geschrieben, der aber nicht verlegt werden kann. Dieses Buch stellt eine Verneinung der Zukunft der Menschen dar, wo im Grunde alles gleich bleibt und nichts vorwärts geht. ...
Anna Seghers ist sehr lange in der Partei. Sie kam 1946 aus Mexiko aus der Emigration, und es war anfangs sehr schwierig für sie, da sie einige Vorbehalte gegenüber der deutschen Parteiführung hatte.
Der Grund hierfür ist, daß sie Jüdin ist und gegen die Deutschen eine gewisse Abneigung hatte. Sie hält sehr viel von der Sowjetunion und von den franz. Genossen. Sehr oft reist sie in die SU, wo sie sehr gut auftritt. Nach dem XX. Parteitag der KPdSU gab es bei ihr eine Krise, die sich nach der Verhaftung von Janka (mit welchem sie in der Emigration in Mexiko war), vertiefte. ...
Stefan Heym hat vor 1945 für die Kommunistische Partei eine Zeitung in Amerika herausgebracht. Er kam sehr spät zurück (1947). H. hat einen unerhörten Ehrgeiz und ist der Meinung, daß er überall ausgeschaltet wird. Er begründet dies damit, daß er keinen Nationalpreis bekommen hat. Der GI sagte, man weiß überhaupt nicht, wofür H. diesen bekommen sollte, aber ihm ist es ja nicht um den Preis, sondern um das Geld.
Nach dem XX. Parteitag der KPdSU nahm er eine revisionistische Haltung ein, wo jedoch seine persönliche Rolle entscheidend ist. Er sieht alles im persönlichen Interesse und ist sich selbst sein bester Mann. Die revisionistischen Tendenzen nach dem XX. Parteitag fanden ihren Niederschlag in einem Buch über »den 17. Juni« und seine negative Haltung in Diskussionen mit dem Schriftstellerverband.
Das Buch, welches die Probleme am 17. Juni beinhaltet, wurde ihm wieder zurückgegeben, da es die Probleme nicht richtig darstellt. ...

Treff mit dem GI »Kurt« am 26. 7. 1958 in der KW »Störlitz«

... Der Gen. Willi Bredel arbeitet z. Zt. an einem Buch, was die Lage in Deutschland nach 1945 beinhaltet. Die einzelnen Kapitel dieses Buches werden z. Zt. von den Genossen im Aufbau-Verlag diskutiert. Der Gen. Schubert, der als Lektor für dieses Buch verantwortlich ist, ging zu seinem Verlagsleiter und sagte, daß er manchmal enttäuscht ist, welche komischen Auffassungen unsere führenden Schriftsteller haben. Dieses Buch überarbeitet der Genosse Bredel schon zum dritten Mal. Der GI hat den Eindruck, daß Gen. Bredel noch viel zu überwinden hat.
Der Schriftsteller Arnold Zweig ist sehr geschmeichelt dadurch, daß er den Lenin-Preis verliehen bekam. Zweig bringt immer wieder zum Ausdruck (so auch in den letzten Wochen), daß etwas für den inhaftierten ehemaligen Leiter des Aufbau-Verlages – Janka – getan werden muß, damit er aus dem Zuchthaus entlassen wird. Der GI ist der Meinung, daß Zweig sich nicht ganz auf der Linie unserer Kulturpolitik bewegt. Vor kurzer Zeit sagte der Genosse Becher dem GI, daß Zweig bei ihm war und ihn für einen Protest gewinnen wollte. Der GI kann sich nicht mehr genau entsinnen, um welche Dinge es sich handelte. Genosse Becher hat Zweig abfahren lassen und ihm gesagt, daß die führenden Leute sich sehr über ihn wundern würden, da er vor einigen Jahren das Gegenteil vertreten hätte. ...
Stephan Hermlin befindet sich nach Ansicht des GI noch nicht auf dem Stand der parteilichen Kulturpolitik. Er beklagt sich immer, daß er nicht genug Geld verdient. Jedoch wurde beobachtet, daß er in den erstklassigsten Gaststätten mit der geschiedenen Frau von Djacenko, Inge Kretzschmar, essen geht. Diese Kretzschmar ist eine Tochter einer kleinbürgerlichen Familie. ...
Der GI ist der Meinung, daß Bodo Uhse ein sehr unsicherer Kandidat ist, der sehr aufs Geld sieht. Für den Aufbau-Verlag hat er schon längere Zeit nicht viel geschrieben. ...

gez. Voigt
Leutnant

Treffbericht vom 20.8.1958 mit dem GI »Kurt« in seinem Arbeitszimmer

... Vom GI wird der Gen. Bredel als sehr empfindlich charakterisiert. Er kam sich immer etwas benachteiligt und schlecht behandelt vor.
Nach dem XX. Parteitag der KPdSU war der Gen. Bredel etwas erschüttert. Er hat dann auf der III. Parteikonferenz einen Diskussionsbeitrag gegeben, worin er mit sagte, daß unsere Parteischulen an tibetanische Gebetsneigungen erinnern.
Gen. Bredel ist daraufhin kritisiert worden, worauf er sehr empört war und einen Herzanfall bekam.
Nach der Verhaftung von Janka war der Gen. Bredel sehr erschüttert. Über die Angelegenheit Janka hat er auch nach Abschluß des Prozesses mit Gen. Walter Ulbricht gesprochen.
Nach der Kulturkonferenz hat sich einiges bei Gen. Bredel geändert, was auch in Gesprächen auf der Theoretischen Konferenz der Schriftsteller zum Ausdruck kam.
Es kann jedoch nicht gesagt werden, daß bei Bredel über alle Fragen Klarheit herrscht. Er hat erst vor einigen Wochen dem GI ganz offen gesagt, daß die »Angelegenheit« Janka nicht in Ordnung ist.
Weiterhin hatte Gen. Bredel geäußert: Er hat eine Sitzung des ZK erlebt (über Schirdewan, Ölsner[1]) und die Genossen hätten nichts dazu gesagt, weil der Gen. Walter Ulbricht anwesend war.
Die Verhaftung Jankas sieht er als eine diktatorische Maßnahme des Gen. Walter Ulbricht. ...

gez. Voigt
Leutnant

Treffbericht vom 10.3.1958

Über seine Aufträge, die GI »Kurt« während der Messe zu erfüllen hatte, berichtete er folgendes:
... Während der Leipziger Messe besuchte Prof. Mayer u.a.

1 Fred Oelßner, siehe Personen-Verzeichnis

auch den Stand des Aufbau-Verlages. Der GI begrüßte ihn, und Prof. Mayer lud den GI zusammen mit seiner Frau zum Mittagessen ein. Den Eindruck über Prof. Mayer schilderte der GI wie folgt:
M. trägt sich mit keinerlei Gedanken, die Republik zu verlassen, sondern im Gegenteil, er will sich ohne offene Stellungnahme auf unserer Linie durchschlagen. Er arbeitet sehr viel an proletarischer Literatur. Leipziger Genossen haben dem GI berichtet, daß Mayer auch jetzt in seinen Vorlesungen äußerst parteilich auftritt. Dem GI erzählte Mayer, daß er die letzten 1½ Jahre gar nichts geschrieben hat, da er durch die Auseinandersetzung nervlich sehr fertig gewesen sei. Er will jedoch jetzt wieder anfangen, intensiv zu schreiben. Er hält sich für den größten Literaturhistoriker von ganz Deutschland. Die Auseinandersetzungen mit ihm sieht er als eine rein persönliche Angelegenheit an, ohne die nötigen Konsequenzen zu ziehen. Er versucht ein gutes Verhältnis zur Partei herzustellen.
... Am anderen Tage hat der GI mit dem Prof. Kurella gesprochen. Gen. Kurella sagte über Mayer, daß, wenn dieser den ersten Schritt tun würde, ihm auch zu verzeihen sei. Prof. K. sagte weiter, daß er nicht zu Mayer geht, sondern er zu ihm kommen soll. ...
Prof. Bloch hat der GI während der Leipziger Messe angerufen und diesen um eine Aussprache zwecks der Herausgabe seiner Werke im Aufbau-Verlag gebeten. Er ging dann zur Wohnung des Bloch, wo ihn dessen Frau empfing. Sie sagte dem GI, daß sie im Auftrage ihres Mannes fragen soll, was es gibt, da er nicht kommen kann. Ihre ersten Worte dem GI gegenüber waren: »Bestellen Sie ruhig, wir haben nicht die Absicht, Selbstmord zu begehen.« Sie sagte dann, daß ihr Mann noch keine Unterredung mit dem Gen. Hager vom ZK gehabt hat, um seine Angelegenheit zu klären. Sein letztes Buch will er dem Verlag Kiepenheuer und Witsch in Westdeutschland zur Veröffentlichung geben. ...
Da die Frau von Feindseligkeit strotzte, brach der GI die Unterhaltung ab. Er bestellte Prof. Bloch, daß seine Bücher im Auf-

bau-Verlag nur herausgegeben werden, wenn seine Stellung geklärt ist. ...

gez. Voigt
Leutnant

Treff mit dem GI »Kurt« am 26.7.1958

Der GI berichtete sofort folgendes: In den letzten Tagen trat der germanistische Beirat des Staatssekretariats für Hochschulwesen, dessen Vorsitzender Prof. Hans Meier[1] aus Leipzig ist, zusammen. ...
Der GI sagte, daß Meier im Beirat den Standpunkt der Partei konsequent vertreten hat, daß selbst der Vertreter des Staatssekretariats, Gen. Köhler, der auch sehr parteilich auftritt, dagegen blaß wirkte. Er sagte weiter, daß er sehr erstaunt war, wie konsequent Meier die Verhandlung führte. Der GI hat dann mit Prof. Meier persönlich gesprochen. Er sagte ihm, daß er sehr erstaunt ist über sein Auftreten, da ihm doch bekannt war, daß Meier zurücktreten wollte. Meier berichtete dem GI, daß er eine Aussprache mit dem Gen. Kurt Hager gehabt hat und die Situation geklärt sei. Meier führte aus, daß, wenn in Jordanien und im Libanon Schüsse fallen, er sich nicht hinsetzen kann und ruhig bleiben. Genosse Meier wurde vom Genossen Hager gefragt, warum er keine Stellung genommen hat, als er kritisiert wurde. Meier antwortete, daß er ein Mensch sei, der eine Kritik sehr schlecht verträgt. Weiterhin sei er viel zu feige, um gegen unseren Staat in Opposition zu treten. Er diskutiert wohl gern über diese Dinge im kleineren Rahmen als vor der Öffentlichkeit. Er hat auch mit Genossen Hager darüber gesprochen, daß er seine Reisen nach WD weiter durchführt, womit sich Genosse Hager einverstanden erklärt hätte. Bedenken hätte Meier noch zu einigen Thesen der Literaturwissenschaft. Es wurde jedoch schon vereinbart, daß darüber mit ihm ein Gespräch stattfindet, woran weiterhin die Genossen Hager, Kurella, Abusch und

1 gemeint ist der Literaturhistoriker Hans Mayer

der GI teilnehmen, um sich mit Meier über diese Fragen auseinanderzusetzen.

Der GI sagte zu Meier, daß es doch schade sei, daß sich Bloch noch nicht wiedergefunden hat. Meier antwortete darauf, daß man mit Bloch wohl reden könne, dies aber sehr erschwert wird durch dessen Ehefrau Carola. Meier hat vor dieser Tagung ein längeres Gespräch mit sowjetischen Schriftstellern gehabt, was ihn in seiner jetzigen Haltung noch bestärkt.

gez. Voigt
Leutnant

Am Sonnabend, den 7.6.1958 wurde von 12 – 12.45 Uhr ein Treff mit dem GI »Richter« im Cafe »Clou« durchgeführt.

... Danach übergab der GI noch einen Bericht über seine Aussprache mit dem Leipziger Aspiranten Dahlke und zwei Einschätzungen über Mitarbeiter des Sonntag (Schröder und Müller-Claud).

Aufträge:
1. Über alle Mitarbeiter des »Sonntag« Einschätzungen schreiben.
2. Alle wichtigen Dinge im Verlagsgeschehen chronolog. in Stichworten aufschreiben.

Maßnahmen:
1. Bericht über Dahlke abschriftlich an den Gen. Vogt
2. Beurteilungen von Schröder und Müller-Claud abschriftlich zum Material Sonntag.

Nächster Treff: Der GI ruft nur dann an, wenn es besonderes zu berichten ist. Vertretung ist der Gen. Vogt
(Unterzeichnete geht in Urlaub)
Treffkosten: 1,– DM

gez. Gütling

Am 13. 10. 1958 wurde in der KW »Störlitz« ein Treff mit dem GI »Kurt« durchgeführt.

Der GI berichtete:
... Die Wünsche mit unseren Verlegern zusammenzuarbeiten sind groß. Viele Gäste wollten wissen, wie es mit Janka wirklich gewesen ist. Diese Personen waren der Meinung, daß Janka deshalb inhaftiert wurde, wegen seiner Ost-West-Verlagspolitik und Geschäften, die uns nicht genehm seien.
Der GI hat erläutert, warum Janka im Zusammenhang mit Harich inhaftiert wurde, wo er besonders die Verbindung zum Ostbüro der SPD hervorhob. Diesen Personen waren diese Antworten zufriedenstellend. ...

gez. Voigt
Leutnant

Treff mit dem GI »Kurt« in der KW »Störlitz« am 28. 11. 1958

... Ferner hat der GI mit der Schriftstellerin Anna Seghers gesprochen. Sein Eindruck ist, daß sie zur Zeit positiv zu uns steht. Sie will mit ihrem neuen Buch bis Ende des Jahres fertig werden; woraus man ihre Einstellung sehen kann, berichtete der GI folgendes: Der sowjetische Schriftsteller Fedin hat dem GI erzählt, daß er mit Pasternak eng befreundet war. Im Auftrage der Partei hat er mit diesem gesprochen, damit er den Nobelpreis ablehnt. P. habe sich sehr negativ verhalten und auch Fedin beschimpft. Da Fedin dies auch der Seghers erzählte, sagte sie, daß man dieses Loch hätte früher merken müssen, daß P. ein Antisozialist ist. Sie hätten sich schon vorher mit ihm auseinandersetzen müssen und nicht erst, wenn er den Nobelpreis bekommt. ...

gez. Voigt
Leutnant

Treff mit dem GI »Kurt« in der KW »Störlitz« am 2. 12. 1958

Der GI berichtete folgendes:
... Am Sonnabend, dem 29. 11. 1958, bekam er um 13 Uhr 30 vom

Genossen Kurella einen Anruf, der den GI bat, in seine Wohnung zu kommen, da Leonhard Frank auch dort anwesend ist. Bei seinem Besuch bei Genossen Kurella und Leonhard Frank erfuhr er, daß Genosse Kurella und Frank am Vormittag beim Genossen Walter Ulbricht waren. Hier stellte sich heraus, aus welchem Grunde Leonhard Frank überhaupt in die DDR gekommen ist. Er legte oder trug dem Genossen Walter Ulbricht eine Petition vor, um die Freilassung des vor zwei Jahren inhaftierten Janka zu erwirken. Unterstützt wurde Frank durch den westdeutschen Schriftsteller Hermann Hesse und durch Katia Mann. Genosse Kurella hatte vorher schon dem Genossen Ulbricht abgeraten, Frank zu empfangen, da verschiedene negative Dinge bekannt geworden sind. ...
Genosse Walter Ulbricht hat ihn aber trotzdem empfangen und in der Frage Janka seine Forderungen abgelehnt. Genosse Walter Ulbricht hat dann mit ihm über die Frage seines Einsatzes für die Sache des Friedens gesprochen. ...

gez. Voigt
Leutnant

Aktenvermerk:

Betr.: Leonhard Frank, Schriftsteller aus Westdeutschland

Durch den GI »Kurt« wurde am heutigen Tage bekannt, daß der westdeutsche Schriftsteller Leonhard Frank mit dem Gen. Walter Ulbricht eine Aussprache hatte.
In dieser Aussprache, wo auch der Gen. Kurella beiwohnte, legte Frank eine Petition für die Freilassung Jankas vor. Diese war noch unterschrieben von dem westdeutschen Schriftsteller Hermann Hesse und von Katja Mann.
Bevor er diese Aussprache mit Gen. Walter Ulbricht hatte, sprach er ausführlich mit der Rechtsanwältin Inge Genz. Der GI ist der Ansicht, daß sich Frank bei der Genz juristisch beraten hat.

Im Treffbericht wird ausführlich davon berichtet.

gez. Voigt
Ltn.

Am 22.1.1959 wurde außerplanmäßig ein Treff mit dem GI »Kurt« in der KW »Störlitz« durchgeführt:

... Weiter hat der GI mit dem Genossen Bredel gesprochen. Im Gespräch fragte Bredel, ob der GI etwas Neues über das Befinden von Janka gehört habe. Der GI verneinte und Bredel teilte ihm mit, daß er bei jedem Plenum des ZK mit dem Genossen Mielke und der Genossin Benjamin über Janka sprechen würde. Weiterhin vertrat er die Meinung, daß Janka nach seiner Haftentlassung sich sofort nach Jugoslawien absetzt. Bredel erkundigte sich weiter über die Frau des Janka. Da ihm der GI keine Antwort geben konnte, sagte B., daß er bisher immer von Uhse gehört habe, wie es ihr geht – jetzt aber hierüber nichts mehr in Erfahrung bringt, da sich Uhse und Jankas Frau verkracht haben. ...

gez. Voigt
Leutnant

Treff mit dem GI »Kurt« in der KW »Störlitz« am 23.2.1959

Der GI berichtete:
... Am 6.2.59 ging von Bloch ein Brief im Aufbau-Verlag ein, der beinhaltete, daß Bloch sämtliche Verträge mit dem Aufbau-Verlag kündigt. Weiterhin schreibt Bloch, daß er seine Bücher in Westdeutschland verlegen will und auch Anstrengungen unternimmt, diese bei einem anderen Verlag zu verlegen.
Gen. Hager ist einverstanden und sagte, daß Bloch seine Werke drüben herausgeben kann, da er ja zwischen zwei Fronten steht und bei uns nicht pro und nicht kontra ist. ...
Vor ca. 3 Wochen hatte der GI ein Gespräch mit dem Gen. Hager, wo sich dieser über das neue Buch von Bredel befragte. Der GI hat daraufhin 20 Minuten vorgetragen, welche schlechten Seiten das Buch beinhaltet. Der Gen. Hager sagte, daß sich die Angaben des GI mit Materialien einer anderen Stelle decken und die weitere Bearbeitung des Buches vorläufig einzustellen ist. ...

Auf der Frühjahrsmesse in Leipzig wird vom Verlag so diskutiert, daß das Buch vorläufig noch nicht erscheint, da der Autor einige Dinge ändern will und der Verlag sich diesen Dingen nicht verschließen kann.

gez. Voigt
Ltn.

Ministerium für Staatssicherheit
Bezirksverwaltung / Abt. III — Berlin, den 25. November '60

Führungsbericht

| | |
|---|---|
| Name: | Janka, Walter |
| geboren am: | 29.4.1914 in Chemnitz |
| wohnhaft: | Klein-Machnow bei Teltow |
| | Heidereiterweg 32 |
| zur Zeit: | Strafvollzugsanstalt Bautzen II |
| verurteilt zu: | 5 Jahren Zuchthaus |
| Strafende: | 5.12.1961 |

Seit seiner Inhaftierung war Janka bemüht, Strafaussetzung zu erhalten und hat in dieser Richtung unter Einschaltung seiner Ehefrau alles versucht. Als Begründung führte er seine Lebererkrankung an, die er in der Charité kurieren wollte. Eine Operation durch VP-Ärzte lehnte er grundsätzlich ab, mit dem Bemerken: »Himmler hat mir seinerzeit schon gesagt, er wird dafür sorgen, daß ich nicht lebendig aus der Haft komme, hat dies aber nicht geschafft und auch ihr (gemeint ist der Strafvollzug) werdet mich nicht umbringen können.« So wurde eine Operation bis zum heutigen Tag nicht durchgeführt.
Durch seine Ehefrau hat er den Rowohlt-Verlag G.m.b.H. in Hamburg veranlaßt, sich mit der Strafvollzugsanstalt Bautzen in Verbindung zu setzen, um Janka West-Leberpräparate in die Anstalt schicken zu können. Die Ablehnung durch die Anstalt erfolgte mit der Begründung, daß unser Strafvollzug mit allen

Medikamenten ausreichend versorgt ist. Das war am 18.3.1958.
Seiner Ehefrau schrieb er im August 1958, sie sollte sich an die Rechtsanwälte Gentz und Wolff wenden wegen Strafaussetzung.

Einstellung des Janka zur Straftat:
Janka behauptet noch bis heute, daß er zu unrecht verurteilt wurde, daß sein Vergehen eine rein parteiliche Angelegenheit wäre, und es könnte sich nur um eine »Fehlentscheidung« handeln, wie schon so oft, wobei er sich auf den XX. Parteitag der KPdSU bezieht ...

Welche Verbindungen hatte Janka während der Haftzeit:
Durch Briefverkehr als auch durch Besuche hat Janka lediglich zu seiner Ehefrau Verbindung. Es haben sich auch keinerlei Personen irgendwie bemüht, Janka in der Haft zu besuchen.

Im Jahre 1960 erhielt er von der Frau des Thomas Mann aus der Schweiz ein Paket und einen Brief. Das Paket wurde an seine Ehefrau weitergeleitet, und der Brief ging zu den Effekten. Als diese Entscheidung der Anstaltsleitung dem Janka mitgeteilt wurde, sagte er: »Das werden sie eines Tages zu verantworten haben.«

In der Anstalt selbst wird er mit leichten Arbeiten beschäftigt. Er sitzt in Einzelhaft, auch die Arbeit wird außerhalb jeglicher Gemeinschaft durchgeführt.[1]

Welche operativen Maßnahmen müssen sofort gegen Janka durchgeführt werden:

1. Da Janka auf Grund des Gnadenerweises nicht zur Entlassung steht, ist er innerhalb der Anstalt durch den KA (Friseur, ehem. Mitarbeiter des MfS Müller) weiter unter Kontrolle zu halten.
2. Es macht sich erforderlich, seine Ehefrau operativ zu bearbeiten, da sie einen regen Kampf führen wird, ihren Ehemann dennoch bald zu Hause zu wissen, wobei sie zu den verschiedensten Methoden greifen wird.

1 Während der Haft in Bautzen habe ich die ersten vier und die letzten acht Wochen Arbeit bekommen. Die übrige Zeit war ich ohne jede Beschäftigung. – W. J.

3. Der nächste Besuch seiner Ehefrau in der Anstalt müßte in Verbindung mit operativen Hilfsmitteln durchgeführt werden. Hierzu ist ein besonderer Operativ-Plan durch die Gruppe für operative Anleitung und Kontrolle zu fertigen.

gez. Frantz
– Major –

Hauptabteilung V/1/IV Berlin, den 23. 12. 1960

Aktenvermerk

Betr.: Janka

Janka kam am 23. 12. 1960 um 11.32 Uhr mit dem D-Zug aus Dresden in Berlin-Schöneweide an. Er wurde von seiner Frau und zwei Jungen (ca. 12 und 17 Jahre) abgeholt. J. machte den Eindruck, als hätte er stark getrunken.[1] Es gab keinerlei Vorkommnisse. J. und seine Familie bestiegen vor dem Bahnhof einen grauen Sachsenring, pol. Kennzeichen: DK 56-86 und fuhren sofort in Richtung Grünau davon.

gez. Gütling
Ultn.

Bemerkung:
Mit Gen. Zörner um 16.30
Rücksprache genommen wegen
Feststellen des Wagenbesitzers

gez. Paroch Anmerk.: Der Wagen gehört der DEFA Pa.

1 Außer Kaffee hatte ich im D-Zug nichts getrunken. – W. J.

Hauptabteilung V/1/IV Berlin, den 27. 1. 1961

Zusammenfassung
der wichtigsten bekanntgewordenen Verbindungen von Janka, Walter und seiner Ehefrau Lotte

Über Verbindungen Jankas zu bekannten Persönlichkeiten aus dem Kulturleben ist folgendes bekannt:

1. Helene-Weigel-Brecht Nationalpreisträgerin und Leiterin des Berliner Ensembles

Jankas waren am Donnerstag, dem 12. 1. 1961, bei der Weigel. Die W. bot Janka an, sich im Brecht-Archiv umzusehen. Zwischen Janka und der Weigel scheint ein gutes freundschaftliches Verhältnis zu bestehen. Die Weigel hat auch damals am Prozeß vor dem Obersten Gericht der DDR teilgenommen. Sie kennen sich aus der gemeinsamen amerikanischen Emigration.

2. Arnold Zweig Lenin-Friedenspreis- und Nationalpreisträger, Schriftsteller

Janka meldete sich bei Zweig, worüber sich Z. sehr freute und Janka zu sich einlud. Z. hatte bereits von anderer Seite von Jankas Haftentlassung gehört.
Vermutlich kennen sie sich von der gemeinsamen amerikanischen Emigration her.

3. Jeanne und Kurt Stern Nationalpreisträger, Schriftsteller, beide Weltfriedenspeisträger

Janka bedankt sich für ihre aktive Anteilnahme und Freundschaft, worauf Sterns meinten, er solle nie vergessen, daß sie immer für ihn da sind.
Überschwengliche Begrüßung und gegenseitiges Versprechen, sich bald zu treffen.
Janka meinte, daß er sich gewisse Dinge von niemand vermiesen läßt, was ihnen seit 30 Jahren anhängt. (Vermutlich amerikanische Emigration).
Hier besteht die Vermutung einer besonders engen ideologischen Liierung, da die Sterns nach der Verhaftung von Janka darüber heftig in der Grundorganisation diskutierten und immer wieder seine Unschuld beweisen wollten.

4. Willi Bredel Mitglied des ZK, Nationalpreisträger und Schriftsteller

Janka erhielt von Bredel für Sonnabend, den 14.1.61, eine Einladung. Janka äußerte, daß er sich sehr vorsichtig bei Bredel verhalten will, da er annimmt, daß Bredel seine Einladung nicht ohne Rückversicherung vorgenommen habe (das sagte Janka zu der Rechtsanwältin Gentz).

In einem Gespräch Jankas am Tage nach seinem Besuch bei Bredel sagte er zu dem Schriftsteller Nachbar, daß er bei Bredel war und es in vielen Hinsichten angenehme Überraschungen gab. Er hätte noch weitere Einladungen gehabt und meinte, daß es Freunde gibt, die sich jetzt kennbar machen.

Bredel hat gleichfalls am Prozeß gegen Janka teilgenommen. Aus der vergangenen Zeit ist bekannt, daß Bredel mehrfach Schwankungen verfiel (Buchdiskussion »Ein neues Kapitel«). Vermutlich teilt Bredel ideologisch einige Ansichten Jankas, sonst hätte sich Janka nicht so begeistert über den Besuch bei Bredel ausgesprochen.

5. Herbert Nachbar Heinrich-Mann-Preisträger und Schriftsteller

Janka hatte bereits früher, vor seiner Verhaftung, enge Berührungspunkte mit Nachbar. Er förderte Nachbar besonders unter den Autoren des Aufbau-Verlages.

Aus dem Bericht ist ersichtlich, daß eine enge Beziehung zwischen Janka und Nachbar besteht und Janka ihm viele persönliche Fragen mitteilt.

Jankas besuchten Nachbar auch am 4.1.61.

Es besteht die Vermutung, daß beide auch ideologisch eng liiert sind.

6. Inge Gentz Rechtsanwältin

Die Gentz steht in einem engen persönlichen Verhältnis zur Familie Janka. Wie aus dem Material hervorgeht, hat die G. sich auch sehr um die Familie während der Haftzeit von Janka gekümmert. In politischer Hinsicht ist sie als Vertraute der Fa. Janka einzuschätzen, die auch in taktischen Verhaltensfragen Janka beeinflußt. Deutlich wurde das bei Jankas Schwankung

gegenüber der Einladung von Bredel, wo die Gentz dem Janka riet, sich keinesfalls aushorchen zu lassen, sondern sich sehr zurückzuhalten.
Die weiteren Verbindungen Jankas, die bekannt wurden, sind im Moment nicht so von politischer Bedeutung, sie müssen noch aufgeklärt werden.

gez. Paroch
Ltn.

Hauptabteilung V/1/II Berlin, den 26. 11. 1963

Maßnahmeplan

Betr.: Janka, Walter
besch. im DEFA-Studio für Spielfilme in Potsdam-Babelsberg

Auf Grund der im Auskunftsbericht vom 6. 11. 1963 herausgearbeiteten Tatsachen ist eine aktive operative Bearbeitung des Janka erforderlich. Ziel der operativen Bearbeitung ist die Schaffung von Beweismaterial über die Feindtätigkeit des Janka.
Da Janka im Bezirk Potsdam wohnt und arbeitet ist die operative Bearbeitung zu koordinieren. Für die BV Potsdam, Abt. V ergeben sich daraus folgende Aufgaben:
Allseitige und gründliche Aufklärung des Janka im Wohngebiet und bei der DEFA Babelsberg.

- Wie ist seine heutige ideologische Haltung – welche Stellung bezieht er zur Politik der Partei, speziell der Kulturpolitik.
- Mit welchen Personen – außer den im Bericht genannten – steht er in Verbindung und welchen Charakter tragen diese Verbindungen. Welche Personen verkehren aus welchem Anlaß in seiner Wohnung.
- Zu welchen Personen, Verlagen oder Institutionen in WD oder WB unterhält Janka Verbindung (Charakter der Verbin-

dung). Hatte er Besucher aus WD – von wem? Wie wirken sich diese Westverbindungen auf seine politische Haltung aus.

– Wie wird seine jetzige berufliche Tätigkeit eingeschätzt – mit welchen Personen arbeitet er zusammen – mit welchen Problemen beschäftigt er sich speziell, mit welcher politischen Aussage – was sagt er über seine beruflichen Möglichkeiten bei der DEFA.
– Wie werden seine moralischen Qualitäten eingeschätzt – wo verkehrt er – mit welchen Personenkreisen.

Allseitige Aufklärung der als Verbindungen bekannten

| | |
|---|---|
| Fischer, Adolf | (Prod.-Leiter) |
| Prof. Wilkening, Klaus[1] | (techn. Direktor) |
| Lösche, Alexander | (Prod.-Leiter) |
| Koch, Raymond | (Übersetzer) |
| Wischnewski, Klaus | (Chefdramaturg) |
| B | (Regisseur) |
| Wolf, Dieter | (Dramaturg) |

und dabei speziell deren ideologische Grundhaltung, sowie ihre Verbindungen herausarbeiten. In welcher Weise sind diese Personen in der Vergangenheit operativ angefallen. Charakter der Verbindung Janka's zu ihnen.

Falls noch nicht vorhanden – Schaffung von geeigneten, perspektivvollen IM, um Janka allseitig aufzuklären und unter operativer Kontrolle zu halten.

– Auf der Grundlage vorhandener Analysen der poltitisch-operativen Situation im Objekt ist aufzuklären, ob Janka
  – direkten oder indirekten Kontakt zu den erkannten Schwerpunkten der politisch-ideologischen Diversion unterhält und
  – einer der Ausgangspunkte oder der intellektuellen Urheber der feindlichen Argumente ist.
– Ziel ist aufzuklären, welchen Charakter die Verbindung zu dem ehemaligen Mitangeklagten Just, Gustav hat, welche

1 gemeint ist Albert Wilkening

Gemeinsamkeiten sie in politisch-ideologischer Hinsicht verbinden und welche gemeinsamen Pläne sie nach ihrer Haftentlassung hatten.

- Weiter ist aufzuklären, ob Janka Stellenangebote von westdeutschen Verlagen erhalten und aus welchen Gründen er sie abgelehnt hat. Von wem wurden ihm diese Stellenangebote übermittelt.
- Welchen Charakter trägt die an Janka von westdeutschen Verlagen übersandte Literatur.

Schaffung einer zuverlässigen KP[1] im Wohngebiet, um mit deren Hilfe über das Auftreten der Familie Janka im Wohngebiet, sowie über ihren Besucherkreis ständig informiert zu sein.
Als Teil der Aufklärung weiterer Verbindungen, sowie der politischen Haltung des Janka sind Brief- und Paketkontrolle, sowie ein »B«-Auftrag einzuleiten.

1 Kontaktperson

Hauptabteilung XX/7 Berlin, den 28. 4. 1971
Ta.

Aktenvermerk

Bln., 28. 4. 71

IMS »Albert Richter«
Reg.-Nr.: 10239/60
Tätigkeit: Lektor im Aufbau-Verlag
Mitarbeiter: Ltn. Tischendorf

Der IMS wird zur operativen Bearbeitung des Materials »Benjamin«, in dem der freischaffende Schriftsteller Kunert, Günter wegen Verdachts der Feindtätigkeit gemäß § 98 StGB operativ bearbeitet wird, eingesetzt.
Durch seine berufliche Tätigkeit besitzt der IM bereits einen guten persönlichen Kontakt zum Verdächtigen.
Der IM hat den Auftrag, den guten persönlichen Kontakt zum Verdächtigen zu nutzen und darauf aufzubauen, um ein Vertrauensverhältnis zu ihm herzustellen, das es ermöglicht, dessen Pläne und Absichten in Erfahrung zu bringen.
Der IM wird ferner in die operative Bearbeitung des Schriftstellers Rudolf Bartsch einbezogen. Bartsch ist in der op. Bearbeitung des Op.-Vorgang »Diversant« als Verbindung des Schriftstellers Stefan Heym operativ angefallen und teilt die ideologischen Auffassungen Heyms.
Der IM hat den Auftrag, den bereits vorhandenen persönlichen Kontakt zu Bartsch auszubauen und ein Vertrauensverhältnis herzustellen, mit der Zielstellung, feindliche Pläne und Absichten in Erfahrung zu bringen.

gez. Tischendorf
Leutnant

Hauptabteilung XX

Berlin, den 22.4.1980
XX/7/IV/ti-ho/ /80

Abteilung X
Leiter

Angel Wagenstein[1] – Schriftsteller und Filmautor der VR Bulgarien

Beiliegend übersenden wir eine Information zu Obengenannten mit der Bitte, diese an die Sicherheitsorgane der VR Bulgarien weiterzuleiten.

Anlage

gez. Kienberg
Generalmajor

Angel Wagenstein, Schriftsteller und Filmautor der VR Bulgarien

Inoffiziellen Hinweisen zufolge unterhält Wagenstein, der als Mitglied der Jury des Westberliner Filmfestivals im Februar 1980 in Westberlin weilte, Kontakt zu

Janka, Walter
geb. 29.4.1914 in Chemnitz
wh. 1532 Kleinmachnow, Heidereiterweg 32
freischaffender Filmdramaturg.

Janka hat eine negative Haltung zu den gesellschaftlichen Verhältnissen in der DDR und verfügt über eine Reihe von Kontakten zu Personen, die wegen ihrer gegen die DDR, die UdSSR und andere Staaten der sozialistischen Gemeinschaft gerichteten Aktivitäten im Blickpunkt des MfS stehen.
Janka verbüßte wegen Staatsverbrechen eine mehrjährige Haftstrafe.

1 Freund des DDR-Filmregisseurs Konrad Wolf, Autor des Konrad-Wolf-Films »Sterne«.

Aus den Hinweisen über den Kontakt Wagensteins zu Janka geht hervor, daß Janka in einem Gespräch mit Wagenstein vor allem das Problem der Rehabilitierung von Kommunisten nach dem Tode von Stalin aufgeworfen hat und Wagenstein damit indirekt beeinflußt, einen Filmstoff darüber zu schreiben.
Wagenstein äußerte, daß er Janka sehr achte und über dessen Leben gern einen Filmstoff schreiben und darstellen würde, wie ein Kommunist trotz aller Rückschläge treu zur Partei steht.
Gleichzeitig brachte Wagenstein jedoch Bedenken über die Realisierbarkeit dieses Vorhabens in der gegenwärtigen Zeit zum Ausdruck.

Hauptabteilung XX/1 Berlin, den 2. 9. 1964

Information

Reisen des IM »Kurt« Reg.-Nr. 10155/60 nach Westdeutschland sowie Teilnahme an der alljährlichen Buchmesse in Frankfurt/ a.M.

Der IM informierte uns nach durchgeführter Reise über die Situation im westdeutschen Verlagswesen sowie über die Verhältnisse westdeutscher Schriftsteller.
Aufträge dieser Art hatte er nicht erhalten, da die Reisen immer sehr kurzfristig angesetzt und durchzuführen waren.
Der IM war von sich aus immer an einer allseitigen Orientierung interessiert, da diese ihm in seiner Arbeit sehr nützlich war.
In Vorbereitung und Durchführung der Buchmessen in Frankfurt/ a.M. erhielt der IM – der meist Leiter der DDR-Delegation war – den generellen Auftrag, für ein gutes Auftreten aller Delegationsmitglieder zu sorgen, labile und schwankende Mitglieder im Auge zu behalten und in dieser Weise einer Abwerbung vorzubeugen sowie gegnerische Störversuche abzufangen.
Nach seiner Rückkehr berichtet der IM über die Durchführung dieses Auftrages und teilte darüberhinaus seine Eindrücke und Erlebnisse von der Buchmesse mit.

gez. Reinhardt
Ltn.

IMF[1] »Kant« Bln., 28. 4. 71
Reg.-Nr.: 10074/60
Tätigkeit: Schlüsselposition Aufbau-Verlag
Mitarbeiter: Leutnant Tischendorf

Auf Grund seiner Funktion ist der IM als Reisekader des genannten Verlages tätig. Er vertritt den Verlag insbesondere bei Buchmessen im sozialistischen und kapitalistischen Ausland.
Auf Grund dieser daraus resultierenden Möglichkeiten hat er den Auftrag, operativ angefallene Personen aus westdeutschen und Westberliner Verlagsunternehmen sowie deren Wirken gegen die DDR aufzuklären.
Der IM hat in diesem Zusammenhang den Auftrag, im Rahmen der kommerziellen Verbindungen zum westdeutschen Luchterhand-Verlag die Verhandlungspartner Borchers, Elisabeth und Dr. Böckel aufzuklären.
Der IM hat weiterhin den Auftrag, den Reisekaderstamm des Aufbau-Verlages operativ abzusichern und zu garantieren, daß Unsicherheitsfaktoren in diesem Personenkreis rechtzeitig erkannt und durch operative Maßnahmen verhindert werden.

gez. Tischendorf
Leutnant

1 IMF = Führungs-Inoffizieller Mitarbeiter

# Personenverzeichnis

*Abusch,* Alexander (1902–1982); 1918 KPD, journalistische Arbeit bei KP-Zeitungen. 1935 Emigration: Tschechoslowakei, Frankreich, Mexiko. 1946 SED. Ab 1946 Bundessekretär des Kulturbundes zur Demokratischen Erneuerung Deutschlands. Ab 1952 im Vorstand des Schriftstellerverbandes und der Akademie der Künste; ab 1956 Mitgl. des ZK der SED, Staatssekretär im Ministerium für Kultur; 1961–71 stellvertretender Vorsitzender des Ministerrates.

*Ackermann,* Anton (1905–1973); 1920 Kommunistischer Jugendverband; 1928–31 Besuch der Lenin-Schule in Moskau; 1931–33 Mitarbeiter in der Kommunistischen Internationale, ab 1933 Mitglied des ZK der KPD und Kandidat des Politbüros. 1949 Kandidat des Politbüros des ZK der SED, Staatssekretär im Außenministerium; 1953 seiner Funktionen enthoben, 1954 aus dem ZK ausgeschlossen; 1973 Selbstmord.

*Becher,* Johannes R. (1891–1958); Schriftsteller; 1917 USPD, 1918 Spartakusbund, 1919/1923 KPD; 1928–33 Sekretär des Bundes proletarisch revolutionärer Schriftsteller. 1933 Emigration in die Sowjetunion, dort Herausgeber der »Internationalen Literatur«; 1943 Mitbegründer des Nationalkomitees Freies Deutschland; 1945 Rückkehr, Mitbegründer und Präsident des Kulturbundes, Mitgl. des Parteivorstandes der KPD; 1946 SED; ab 1950 Mitgl. des ZK der SED; Präsident der Akademie der Künste, 1954–58 Minister für Kultur.

*Benjamin,* Hilde (1902–1989); 1927 KPD; 1945 Staatsanwältin in Berlin, in der Deutschen Zentralverwaltung für Justiz beschäftigt. 1946 SED. 1949–53 Vizepräsidentin des Obersten Gerichts, Vorsitzende in berüchtigten Schauprozessen, u. a. gegen die Zeugen Jehovas (Okt. 1950); verantwortlich für harte Urteile; 1953 Justizminister; 1954–89 Mitgl. des ZK der SED, ab 1967 Professor an der Potsdamer Akademie für Staat und Recht.

*Bloch,* Ernst (1885–1977); Philosoph, Hochschullehrer; 1933 Emigration (Zürich, Wien, Paris, Prag, USA); Mitarbeiter an der antifaschistischen Zeitung »Freies Deutschland«; 1949–57 Direktor des Instituts für Philosophie der Universität Leipzig, Mitbegründer der »Deutschen Zeitschrift für Philosophie«; 1954–58 Präsidialratsmitglied des Kulturbundes; Mitgl. der Deutschen Akademie der Wissenschaften. B. war im Zusammenhang mit den Ereignissen in Ungarn und dem Janka-Harich-Prozeß politischen Sanktionen ausgesetzt, er wurde zwangsemeritiert. Kehrte 1961 von einer Vortragsreise nicht in die DDR zurück; lehrte in Tübingen.

*Bredel,* Willi (1901–1964); proletarischer Schriftsteller; 1920 KPD; 1923 wegen Teilnahme am Hamburger Aufstand zu 2 Jahren Haft verurteilt; Redakteur der »Hamburger Volkszeitung«; 1930–32 abermals in Haft wegen »literarischen Hochverrats«; 1933/34 KZ, Flucht nach Moskau; Mitherausgeber der Zeitschrift »Das Wort«; Kommissar im Spanischen Krieg; 1943 Mitbegründer des Nationalkomitees Freies Deutschland in der UdSSR. 1953–56 Chefredakteur der »Neuen Deutschen Literatur«; 1954–64 Mitgl. des ZK der SED; 1962–64 Präsident der Akademie der Künste.

*Dahlem,* Franz (1892–1981); 1913–17 SPD, 1917–20 USPD; 1929 Politbüro-Mitglied der KPD; ab 1920 Mitgl. des Preußischen Landtages, 1928–33 Abgeordneter des Deutschen Reichstages; 1933–37 in der Auslandsleitg. der KPD in Paris; 1937–39 Kommissar der Interbrigaden in Spanien; 1942 Gestapohaft, 1943–45 KZ Mauthausen. Ab 1945/46 Mitgl.

des ZK der KPD/SED; 1953 Ausschluß aus dem ZK (wegen »mangelnder Wachsamkeit gegenüber Agenten in der Emigration«); 1955 stellv. Staatssekretär bzw. stellv. Minister für das Hoch- und Fachschulwesen; 1956 rehabilitiert.

*Gysi,* Klaus (geb. 1912); 1928–31 Kommunistischer Jugendverband, 1931 KPD; Studium der Volkswirtschaft; 1935 Emigration nach Frankreich; 1940 Rückkehr nach Deutschland; 1941–44 freier Mitarbeiter im Verlag Hoppenstedt. 1945 Bürgermeister in Zehlendorf; 1946 SED; 1945–48 Chefredakteur der Zeitschrift »Aufbau«; 1949–51 Bundessekretär des Kulturbundes; ab 1952 Abt.-Leiter im Schulbuchverlag Volk und Wissen; 1956 Beauftragter des ZK der SED zur politischen Kontrolle der Wochenzeitung »Sonntag«; 1957–67 Leiter des Aufbau-Verlages; 1945–51 und ab 1956 wieder Präsidialratsmitglied des Kulturbundes, 1966–73 Minister für Kultur; 1973–78 Botschafter in Italien; 1979–88 Staatssekretär für Kirchenfragen.

*Hager,* Kurt (geb. 1912); 1930 KPD; journalistische Arbeit; 1933 mehrere Monate KZ; Emigration nach Frankreich; Teilnahme am Spanischen Bürgerkrieg; Exil in England. Ab 1945 im zentralen Parteiapparat der KPD/SED; 1954 Mitgl. des ZK, 1955 Sekretär für Wissenschaft, Volksbildung, Kultur des ZK der SED; 1963–89 Mitgl. des Politbüros der SED, Leiter der ideologischen Kommission beim Politbüro der SED.

*Kostoff,* Traitscho (1897–1949); einer der Begründer der Kommunistischen Partei Bulgariens; 1924 Verhaftung u. Folterung durch die Geheimpolizei; 1929 in Moskau, dann wieder in Bulgarien; Mitgl. des Politbüros seiner Partei; Organisator des Partisanenkrieges, 1942 lebenslängliche Gefängnisstrafe; 1944 Befreiung durch Partisanen; Generalsekretär der Partei; 1949 Schauprozeß gegen K. wegen »sowjetfeindlicher Akte, nationalistischer Abweichungen, titoistischer Verschwörung, Spionage«. Unter Anleitung sowj. Offiziere wird K. monatelang grausam gefoltert, bis er im Okt. 1949 »gesteht«. 1956 posthum rehabilitiert.

*Kurella,* Alfred (1895–1975); 1919 KPD; ab 1920 publizistische Arbeit; Mitbegründer der Kommunistischen Internationale; 1934–54 in der UdSSR; 1934 Sekretär Dimitroffs; 1954–57 Direktor des Leipziger Literatur-Instituts; 1965–74 Vizepräsident der Akademie der Künste; 1957–63 Leiter der SED-Kulturkommission; 1958–75 Mitgl. des ZK der SED, 1958–63 Kandidat des Politbüros und ZK-Sekretär; Mitgl. im Vorstand des Schriftstellerverbandes.

*Lukács,* Georg (1885–1971); bedeutender marxistischer Literaturwissenschaftler und Philosoph; 1918 KP-Mitglied; in der ungarischen Räterepublik verantwortl. für das Unterrichtswesen; 1933 in Moskau. 1945–58 Professor für Philosophie in Budapest; gilt als intellektueller Führer des Ungarn-Aufstandes von 1956; Kulturminister unter I. Nagy.

*Matern,* Hermann (1893–1971); 1911 SPD, 1918 USPD, 1919 KPD; 1928/29 Internationale Lenin-Schule in Moskau; 1932/33 Mitgl. des Preußischen Landtags; 1934 Exil, ab 1941 in Moskau; 1945 für das ZK der KPD in Sachsen tätig; 1946–48 Vorsitzender der SED von Berlin, Mitgl. des ZK, ab 1950 des Politbüros der SED; ab 1949 Vorsitzender der Zentralen Partei-Kontrollkommission.

*Mayer,* Hans (geb. 1907); Literaturwissenschaftler, Hochschullehrer; 1931 Sozialistische Arbeiterpartei Deutschlands; 1932–35 KPD; 1933 Exil in der Schweiz und in Frankreich; 1946–47 Chefredakteur im Hessischen Rundfunk; 1947/48 Dozent; 1948–63 Professor für Deutsche Literatur an der Universität Leipzig. Flüchtet 1963 in die BRD; 1966 Professor in Hannover.

*Melsheimer,* Ernst (1897–1960); Jurist; 1928–32 SPD; 1933–45 Landgerichtsdirektor und Kammergerichtsrat, Rechtsberater der NS-Volkswohlfahrt, Mitgl. des NS-Rechtswahrerbunds, 1944 vorgeschlagen zum Reichsgerichtsrat. Ab 1945 KPD, 1946 SED; Oberstaatsanwalt; 1946–49 Vizepräsident der Verwaltung für Justiz der sowj. Besatzungszone; 1949 Generalstaatsanwalt der DDR, berüchtigt durch zahlreiche Schauprozesse.

*Merker,* Paul (1894–1969); 1918 USPD; 1919–22 Gewerkschaftssekretär; 1920 KPD; 1927–45 Mitgl. des ZK der KPD u. des Politbüros; 1934/35 Mitgl. der illegalen Landesleitg. der KPD; 1940 Frankreich, 1942 Mexiko; Sekretär der Bewegung »Freies Deutschland«. 1946–50 Mitgl. des Parteivorstandes u. des Politbüros der SED; 1950 wegen Verbindung zum vermeintlichen USA-Agenten Noel Field während der Emigration SED-Ausschluß; 1950–52 HO-Gaststättenleiter; 1955 zu 8 Jahren Zuchthaus verurteilt, 1956 rehabilitiert.

*Mielke,* Erich (geb. 1907); 1925 KPD; Mitgl. des Parteiselbstschutzes; 1931 Emigration in die UdSSR (Nach unaufgeklärtem Polizistenmord in Berlin des Mordes beschuldigt u. zum Tode verurteilt); 1934/35 Lenin-Schule in Moskau; 1936–39 in Spanien; ab 1940 in der UdSSR. 1945 Leiter der Polizeiinspektion Berlin-Lichtenberg; 1946–49 Vizepräsident der Deutschen Verwaltung des Innern; 1950–56 Staatssekretär des Ministeriums für Staatssicherheit (MfS), seit 1957 Minister für Staatssicherheit; 1976 Mitgl. des Politbüros des ZK der SED; ab 1989 in Untersuchungshaft.

*Oelßner,* Fred (1903–1977); 1920 KPD; 1923–25 Gefängnis wegen Hochverrats; 1926–32 Studium der Gesellschaftswissenschaften in Moskau; Mitarbeiter im ZK der KPD; 1933 antifaschist. Tätigkeit in Deutschland; 1935 Emigration in die UdSSR; im Krieg Leiter des Deutschland-Ressorts des

Moskauer Rundfunks; ab 1945 leitende Funktion im ideologischen Bereich der KPD/SED; 1950–58 SED-Politbüro-Mitglied; 1958 aus dem Politbüro ausgeschlossen; 1958–69 Direktor des Instituts für Wirtschaftswissenschaften der Akademie der Wissenschaften.

*Rajk,* Laszlo (1908–1949); während des Studiums 1930 Eintritt in die illegale Kommunistische Partei Ungarns; Relegation von der Budapester Universität; Bauarbeiter; Teilnahme am Spanischen Bürgerkrieg; organisierte den antifaschist. Widerstand gegen die deutsche Besatzung; 1941 Verhaftung durch die Pfeilkreuzler, Überstellung an die Gestapo, Gefängnis bei München. 1945 Mitgl. des Politbüros der ungarischen KP; Minister des Innern; organisierte den Prozeß gegen Kardinal Mindszenty und zerschlug die bürgerl. Opposition; 1949 Opfer der stalinistischen Säuberungen; 1955 posthum rehabilitiert.

*Schroeder,* Max (1900–1958); Theater-, Kunst- und Literaturkritiker in der DDR; 1932 KPD; Emigration in Frankreich und den USA. Ab 1947 Cheflektor des Berliner Aufbau-Verlages.

*Slánský,* Rudolf (1901–1953); fiel der stalinistischen Säuberung zum Opfer; mit 20 Jahren eines der KP-Gründungsmitglieder und neben Gottwald der wichtigste Mann im ZK der tschechoslowakischen Kommunistischen Partei; 1937 Flucht in die UdSSR; organisierte den Partisanenkampf in der Slowakei; nach 1945 als Vertrauensmann Stalins Generalsekretär der KP; half mit, seine Genossen als »Parteifeinde« zu entlarven; 1953 hingerichtet; 1963 bzw. 1968 rehabilitiert.

*Ulbricht,* Walter (1893–1973); 1912 SPD, 1919 KPD; 1926–29 Landtagsabgeordneter; seit 1928 Mitgl. des Deutschen Reichstags; 1929–46 Mitgl. des Politbüros des ZK der

KPD; 1933 Emigration nach Frankreich, 1938 in die UdSSR. 1946–50 stellv. Vorsitzender der SED; 1950–53 Generalsekretär, dann Erster Sekretär des ZK der SED; 1960 Vorsitzender des Staatsrates und des Verteidigungsrates der DDR; trat 1971 zurück, blieb Vorsitzender des Staatsrates.

*Wandel,* Paul (geb. 1905); 1926 KPD; 1933–44 Exil in der UdSSR, Studium am Marx-Engels-Lenin-Institut; 1941–43 Lehrer an der Kominternschule; Sekretär von Wilhelm Pieck. 1946 SED; 1945–49 Präsident der Zentralverwaltung für Volksbildung, 1949–52 Minister für Volksbildung der DDR; 1953–57 Sekretär für Kultur und Erziehung im ZK der SED; 1958–61 Botschafter in China; 1961–64 stellv. Minister für Auswärtige Angelegenheiten; 1976–84 Vizepräsident der Liga für Völkerfreundschaft.

*Wendt,* Erich (1902–1965); 1922 KPD; 1926 Mitgl. des ZK des Kommunist. Jugendverbandes; Mitarbeiter im Verlag der Jugend-Internationale in Berlin; 1931 Emigration in die UdSSR; 1936 verhaftet, 1941–42 Deportation nach Sibirien; 1942–47 Übersetzer in Moskau; 1947 SED; 1947–53 Leiter des Aufbau-Verlages; ab 1950 Erster Bundessekretär des Kulturbundes; 1954–57 Leiter der Lenin-Abt. im Institut für Marxismus-Leninismus Berlin; 1957–65 Staatssekretär und stellv. Minister für Kultur; 1958–65 Vizepräsident des Kulturbundes; 1963 DDR-Beauftragter für das Passagierschein-Abkommen.